Technology

汽车发动机检修

主　编◎李　丽　赵春鑫　谢建华
副主编◎黄海瑞　张文新　刘　斌　侯建伟　李良片
参　编◎王传立　韩　强　廉　政

主　审◎张艳红

首都经济贸易大学出版社
Capital University of Economics and Business Press
·北京·

图书在版编目（CIP）数据

汽车发动机检修 / 李丽，赵春鑫，谢建华主编. 北京 ： 首都经济贸易大学出版社，2025. 1. -- ISBN 978-7-5638-3776-2

Ⅰ. U472.43

中国国家版本馆 CIP 数据核字第 2024DU5728 号

汽车发动机检修

QICHE FADONGJI JIANXIU

主　编　李　丽　赵春鑫　谢建华

责任编辑　王　猛

封面设计　风得信·阿东 FondesyDesign

出版发行　首都经济贸易大学出版社

地　　址　北京市朝阳区红庙（邮编 100026）

电　　话　（010）65976483　65065761　65071505（传真）

网　　址　http://www.sjmcb.cueb.edu.cn

经　　销　全国新华书店

照　　排　北京砚祥志远激光照排技术有限公司

印　　刷　北京九州迅驰传媒文化有限公司

成品尺寸　185 毫米×260 毫米　1/16

字　　数　237 千字

印　　张　11.75

版　　次　2025 年 1 月第 1 版

印　　次　2025 年 1 月第 1 次印刷

书　　号　ISBN 978-7-5638-3776-2

定　　价　45.00 元

前言

为深入贯彻国务院《关于加快发展现代职业教育的决定》精神，积极推进课程改革和教材建设，我们依据人社部工学一体化汽车类相关专业教学标准，并结合汽车维修企业生产实际和常见生产任务编写了这本《汽车发动机检修》。

本书针对职业教育的特点和规律，围绕高素质技能型人才的培养目标，按照以能力为本位、以工作过程为导向、以任务为驱动的教学模式编写。参与编写的人员包括来自一线的授课老师、企业的相关负责人、维修行业的维修专家，他们都有非常丰富的教学实践经验、实战经历。本书紧紧围绕高素质技能型人才的培养目标，并结合当前汽车维修企业的实际典型案例，以由浅入深、循序渐进的方式讲解，非常适合职业院校学生的认知发展规律。

本书包括机体组及曲柄连杆机构的检测与维修、配气机构的检测与维修、进排气及燃料供给系统的检测与维修、润滑系统的检测与维修、冷却系统的检测与维修共5个项目13个任务。

本书采用以项目为教学单元的编写模式，全书共包括5个项目、13个典型工作任务，基本涵盖发动机机械维修的常见内容。每个项目包含若干企业典型工作任务，通过任务目标、任务描述、知识储备、制订计划与实施计划、知识链接、任务总结与思考、思政园地共7个教学环节的设置，模拟企业的工作过程。本书采用了大量的图片辅助讲解发动机的结构、工作原理和检修内容，并将7S管理融入实际操作过程中。任务操作以大众EA888或丰田卡罗拉轿车发动机这类具有典型性的发动机型号为例，结合数字化教学方式，以网络为载体，将实际操作步骤详细列出，并注明操作规范和注意事项。这样可以使绝大多数学生达到一看便会、一学便知的效果。

为了方便教学，本书配备有学生工作手册、课件和教案等教学资源。

在本书编写过程中，山东省首席技师、山东省劳动模范廉政老师和相关企业汽车维修人员为我们提供了宝贵的意见，我们同时参考并借鉴了相关文献，在此一并表示诚挚的感谢！

由于编者水平和经验所限，书中难免存在错误或不妥之处，敬请广大读者批评指正。

目录

绪论　汽车发动机概述

汽车发动机是汽车的动力装置，常被喻为汽车的心脏。它将燃料燃烧释放的热量转化为机械能，为整个汽车提供动力，其由许多机构和系统组成，是一部非常复杂的机器。因此，发动机在工作期间也会出现各种各样的故障，为了保障发动机持续、稳定的运转，就要对发动机进行定期的维护和保养，出现故障后则要及时维修。这就要求我们维修人员能够在掌握发动机的基本构造、原理、常见故障的基础之上正确使用各类工具、量具、设备等对发动机进行检测、维修、排除故障，使发动机恢复正常工作状态，让汽车能够正常运转。

发动机的总体构造与基本工作原理

【任务目标】

知识目标

1. 了解汽车发动机的发展史，认识发动机的类型
2. 掌握发动机的结构组成、工作原理
3. 掌握发动机的常用术语

能力目标

1. 能在实车上正确地指出发动机各机构和系统的位置
2. 能描述发动机各个机构和系统的名称及其作用

素养目标

1. 全面了解发动机构造与工作原理，在学习过程中进行自我管理、做好过程记录，符合 7S 管理规范
2. 积极主动查阅汽车文化、汽车发动机构造与维修等相关资料，与组员相互配合、有效沟通
3. 分配工作或服从组长分工安排，与组员相互讨论，采纳其他人员的合理建议并共同完成知识的收集和归纳整理
4. 有吃苦耐劳、爱岗敬业的工作态度，养成良好的职业责任感

【任务描述】

汽车发动机是为汽车提供动力的装置，是汽车的心脏，决定着汽车的动力性、经济性、稳定性和环保性。既然在汽车上发动机如此重要，那么，发动机是如何工作的呢？常见的发动机有哪些类型？发动机又有哪些组成部分？发动机的总体构造与基本工作原理是怎样的呢？下面我们来学习发动机的相关知识。

【知识储备】

一、发动机发展史

1765 年，英国的詹姆斯·瓦特改良蒸汽机并使之得到迅速推广，以此揭开了工业革命的篇章。蒸汽机是外燃机，燃料在气缸之外燃烧，热效率低。1866 年，德国工程师尼古拉斯·奥托制造出往复活塞四冲程内燃机，为现代内燃机发展奠定了四冲程工

作循环（或称奥托循环）的理论基础。

1885 年，德国工程师卡尔·本茨设计制造了一个单缸四冲程内燃机和一辆三轮汽车，他于 1886 年 1 月 29 日向德国专利局申请汽车发明的专利。因此，1886 年 1 月 29 日被公认为世界汽车的诞生日，本茨的专利证书也成为世界上第一张汽车专利证书。1886 年，德国工程师哥特里布·戴姆勒将自制的单缸四冲程内燃机装在改装的马车上，也制成了一辆汽车。本茨和戴姆勒随后都创办了自己的公司，他们首先将汽车与工业生产联系起来，把汽车推上历史舞台，这具有划时代意义。

1892 年，德国工程师鲁道夫·狄赛尔获得了柴油机的发明专利，并于 1897 年制成实用的四冲程柴油机。

1903 年，亨利·福特创立了福特汽车公司。1908 年，福特推出了著名的 T 型车，并于 1913 年在汽车行业率先采用流水生产线大批生产，使这种车型的产量迅速上升，成本大幅度下降，亨利·福特亦因此被誉为“汽车大王”。

1908 年，威廉·杜兰特以戴维·别克的公司为基础，组建了通用汽车公司，合伙人包括兰森·奥兹、亨利·雷兰德以及后来的路易斯·雪佛兰等先驱者。

1937 年，大众汽车公司成立。当时的德国政府为了使人民都买得起轿车，下达了生产一种大众化轿车并建立工厂的指令，由费迪南德·保时捷博士主持设计，推出了著名的大众甲壳虫型轿车。1940 年工厂建成投产，至 1974 年该厂换型生产高尔夫轿车时，甲壳虫轿车仍未停产，转至墨西哥继续生产，至 1981 年累计总产量超过 2 000 万辆，成为世界上生产时间最长和产量最大的车型。

丰田喜一郎继承由丰田佐吉创办的丰田织机公司，于 1937 年将丰田织机公司的汽车部扩充为丰田汽车公司。1952 年，丰田英二承袭了堂兄丰田喜一郎的领导权，成为丰田汽车公司取得巨大成功的关键人物。本田技研公司则是崇尚本田宗一郎身体力行的一种精通技术、顽强拼搏、无私上进的“本田精神”——白手起家，由 1946 年生产自行车助力发动机开始创业，迅速发展成为世界最大的摩托车生产企业和著名的汽车公司。1933 年，日产汽车公司创建，该公司侧重大批量和自动化的生产体系。

我国汽车工业的起步则是以 1953 年第一汽车制造厂在长春动工为标志的，于 1956 年 10 月开工生产。1968 年，第二汽车制造厂在湖北十堰动工兴建，并于 1975 年开始投产。

二、汽车发动机的类型

国家标准《汽车和挂车类型的术语和定义》（GB/T 3730. 1—2001）对汽车的定义如下：由动力驱动，具有四个或四个以上车轮的非轨道承载的车辆，主要用于载运人员和（或）货物；牵引载运人员和（或）货物的车辆；特殊用途的车辆。

汽车发动机是汽车的动力装置，是汽车重要组成部分之一，是靠燃料（汽油或柴油等）燃烧产生的热能提供动力的机器，也被称为热机。内燃机是热机的一种，包括活塞式内燃机和燃气轮机。活塞式内燃机与外燃机（如蒸汽机）相比，具有结构紧凑、质量小、易启动等优点，因此，活塞式内燃机被广泛地应用在汽车中。本书所讲汽车发动机，在不做特别说明的情况下均指活塞式内燃机。活塞式内燃机可按照不同的分类方式进行分类，见表 0-0-1。

表 0-0-1 活塞式内燃机的分类

分类方式	类型	特点	图示
按活塞运动方式	往复活塞式	活塞在气缸内做往复直线运动	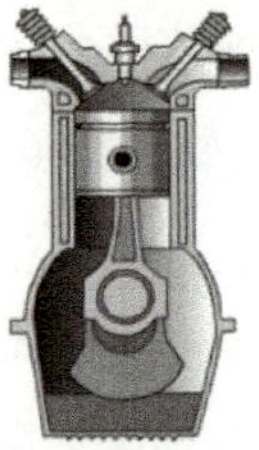
	旋转活塞式	活塞在气缸内做旋转运动	
按燃料种类	汽油机	使用汽油为燃料，其转速高，质量小，噪声小，启动容易，制造成本低	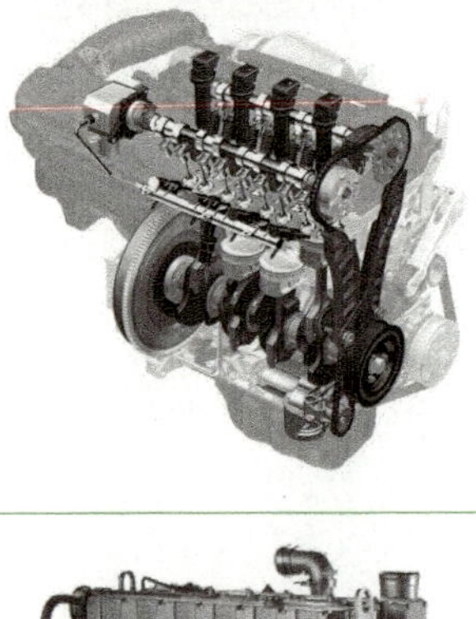
	柴油机	使用柴油为燃料，其压缩比大，热效率高，经济性能和排放性能都比汽油机好	

续表

分类方式	类型	特点	图示
按燃料种类	气体燃料发动机	使用天然气、液化石油气等其他气体燃料的活塞式内燃机	
	代用燃料发动机	燃用酒精、氢气、甲醇等可代替传统燃料的发动机，其大规模使用取决于代用燃料的获取成本及储存、运输和环保等因素	
按一个工作循环的行程数	二冲程发动机	在一个工作循环中活塞往复两个行程的内燃机	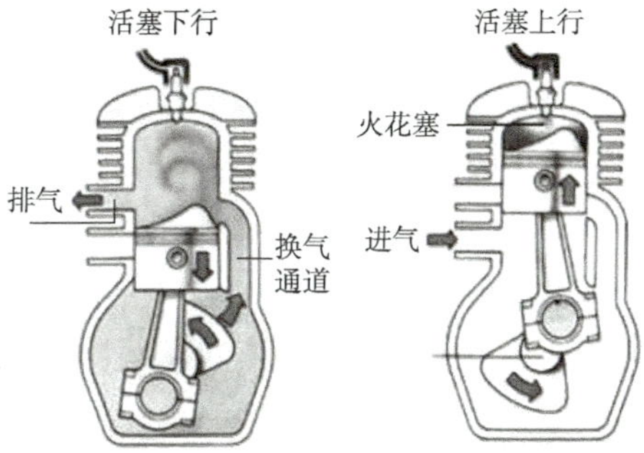
	四冲程发动机	在一个工作循环中活塞往复四个行程的内燃机	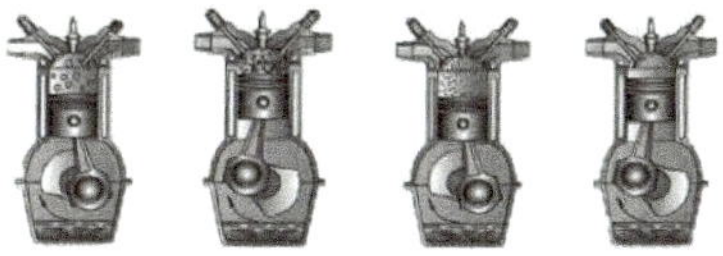
按进气状态	自然吸气发动机	发动机进气在接近大气压状态下进行	
	进气增压发动机	利用增压器将进气加压后送入发动机，发动机进气压力高于大气压力	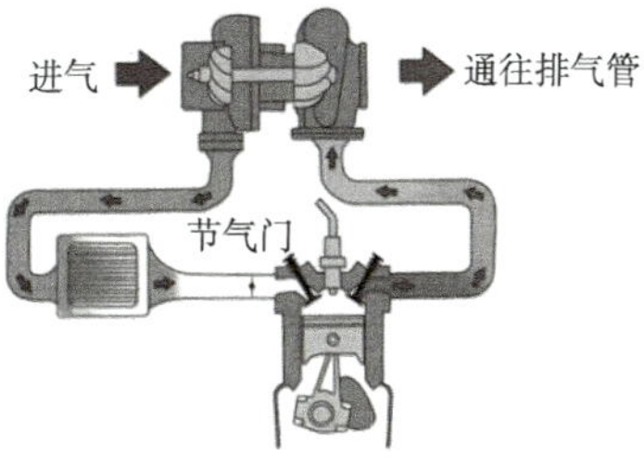

续表

分类方式	类型	特点	图示
按冷却方式	水冷式发动机	以冷却液为冷却介质的强制循环系统，系统包括水泵、散热器、冷却风扇、节温器、补偿水桶等	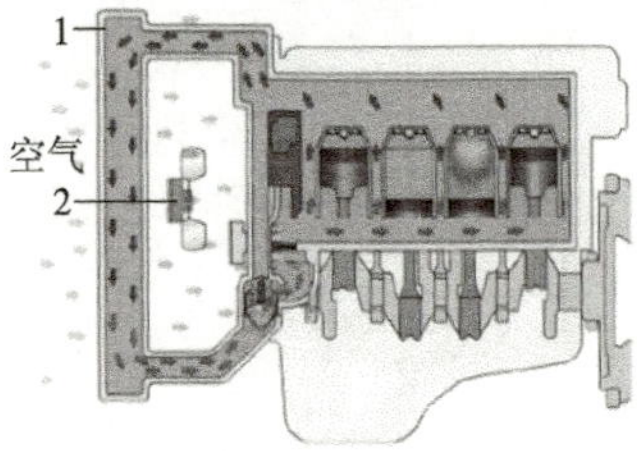
	风冷式发动机	以空气为冷却介质，利用大流量风扇使气流直接吹过气缸盖和气缸体的外表面。具有适应性强、热负荷高、暖机时间短和维护简便等特点。但冷却效果难以调节，噪声大	
按气缸数目	单缸发动机	仅有一个气缸的发动机	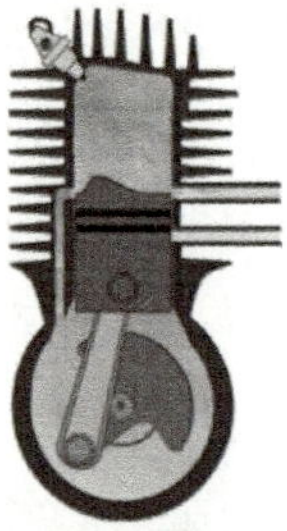
	多缸发动机	有两个以上气缸的发动机，如双缸、三缸、四缸、五缸、六缸、八缸、十二缸等都是多缸发动机	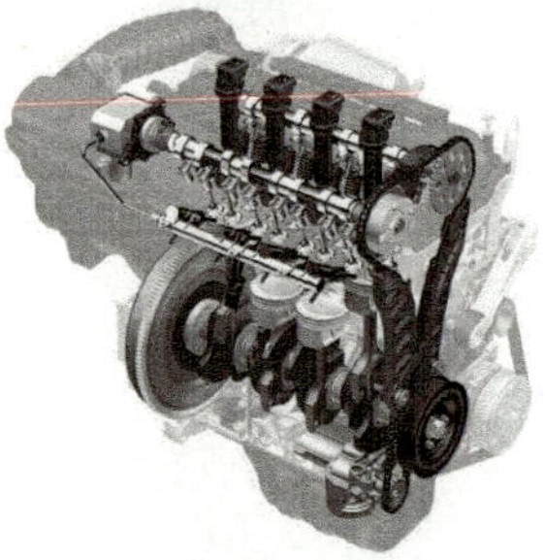
按气缸排列方式	直列发动机	发动机的各个气缸排成一列，一般是垂直布置的	

续表

分类方式	类型	特点	图示
	V 型发动机	把气缸排成两列，两列之间的夹角<180°（一般为 90°）	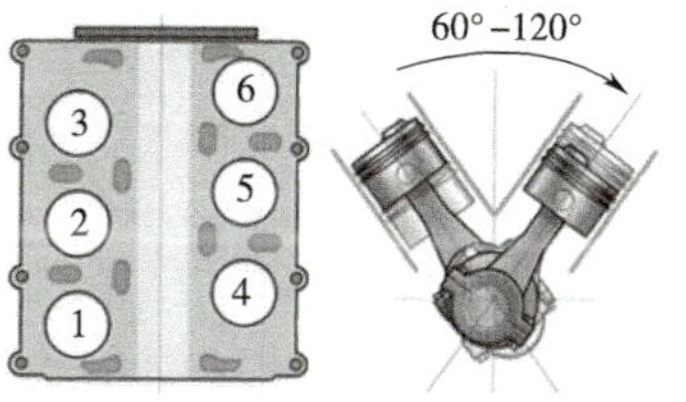
按气缸排列方式	W 型发动机	将 V 型发动机的每侧气缸再进行小角度的错开（如帕萨特 W8 的小角度为 15°），就成了 W 型发动机。或者说 W 型发动机的气缸排列形式是由两个小 V 形组成一个大 V 形。严格说来 W 型发动机属于 V 型发动机的变种	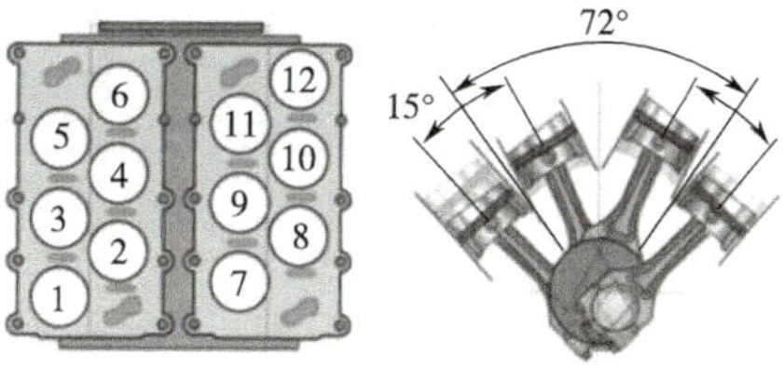
	水平对置式发动机	把气缸排成两列，两列之间的夹角为 180°	

目前，应用最广、数量最多的汽车发动机为水冷、四冲程往复活塞式内燃机，其中汽油机用于轿车和轻型客、货车上，而大客车和中、重型货车发动机多为柴油机。少数轿车和轻型客、货车发动机也有用柴油机的。以风冷或二冲程活塞式内燃机为动力的多为摩托车

三、往复活塞式内燃机的总体结构

往复活塞式内燃机是最常见的汽车发动机，由两大机构和五大系统组成，即由曲柄连杆机构、配气机构、燃料供给系统、润滑系统、冷却系统、点火系统和启动系统组成。柴油发动机由两大机构和四大系统组成，即由曲柄连杆机构、配气机构、燃料供给系统、润滑系统、冷却系统和启动系统组成。由于柴油通过压缩就可以点燃，因此，柴油发动机不需要点火系统。图 0-0-1 展示了发动机的总体构造。每部分的具体作用和结构组成见表 0-0-2。

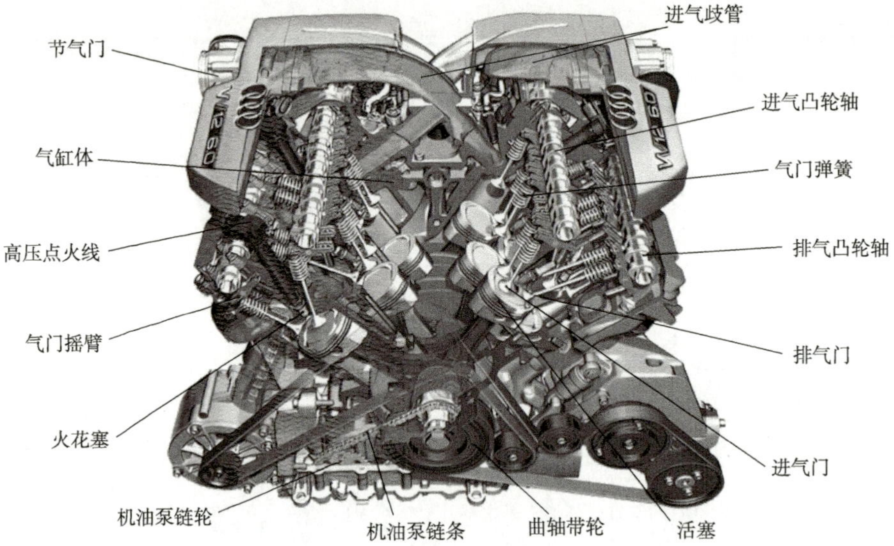

图 0-0-1　发动机总体构造

表 0-0-2　发动机的总体结构与作用

名称	作用	组成	图示
机体组	是发动机的支架，是曲柄连杆机构、配气机构和发动机各系统主要零部件的装配基体	由气缸体、气缸盖、气缸垫、气缸盖罩、油底壳、主轴承盖等组成	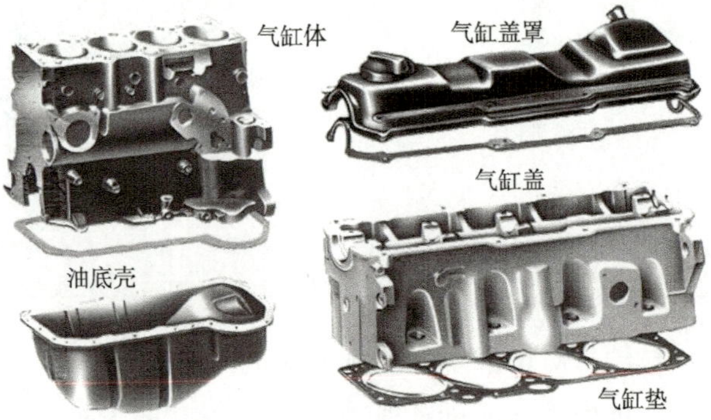
曲柄连杆机构	将燃料燃烧产生的膨胀压力作用在活塞顶上，并通过连杆将作用力传递给曲轴，使曲轴旋转，不断输出动力	由活塞连杆组、曲轴飞轮组组成	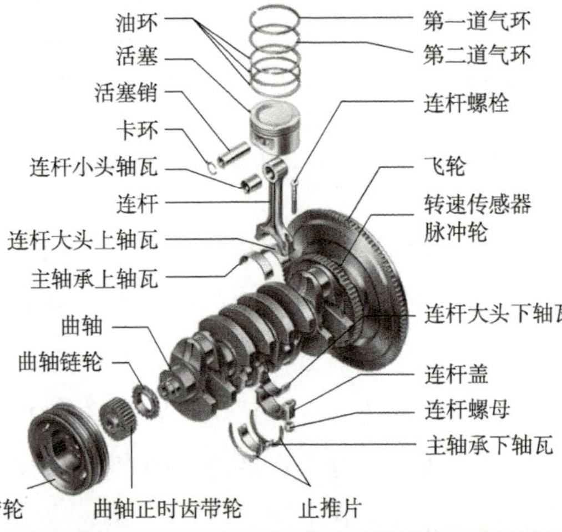

续表

名称	作用	组成	图示
配气机构	按照发动机每一气缸内所进行的工作循环和点火顺序的要求，定时开启和关闭各气缸的进、排气门，使新鲜的可燃混合气（汽油机）或空气（柴油机）得以及时进入气缸，废气得以及时从气缸排出	由气门组和气门传动组组成	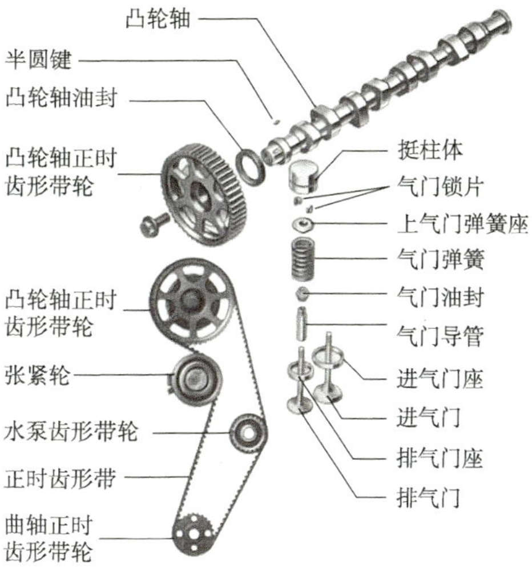
启动系统	发动机必须依靠外力带动曲轴旋转来启动，启动机可以提供启动力矩来驱动曲轴旋转，再通过曲轴的旋转惯性连续不断地完成发动机的工作循环，直到发动机自身能完全启动	由蓄电池、启动机、点火开关、启动继电器、空挡启动开关等组成	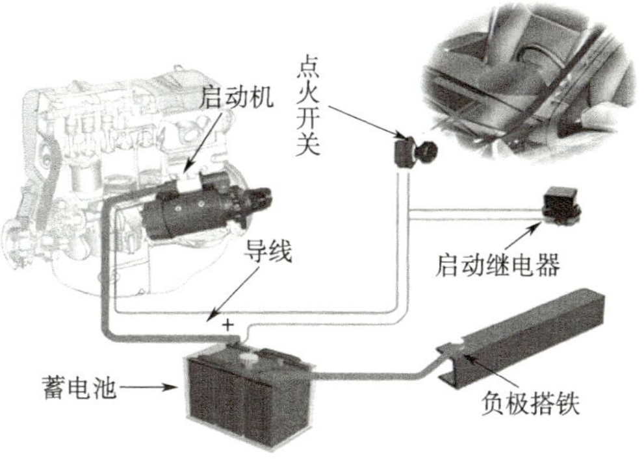
供油系统	根据发动机各种不同工况的要求，配制出一定数量和浓度的可燃混合气，供入气缸，并将燃烧后产生的废气排入大气中	由油箱、油管、燃油泵、燃油滤清器、燃油压力调节器、喷油器、冷启动喷油器等（柴油机还有输油泵、高压油泵、高压油管和燃油共轨等）组成	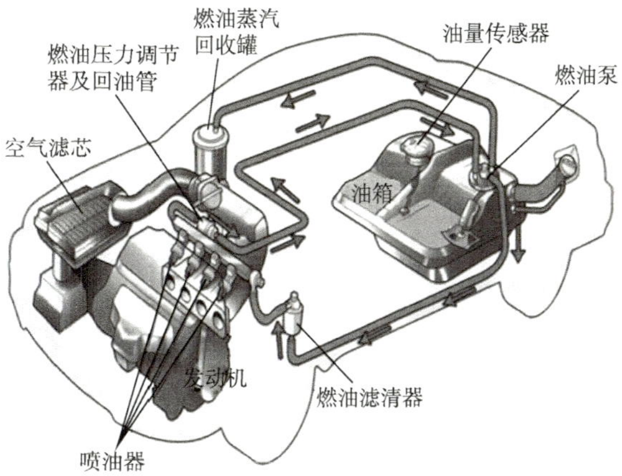

续表

名称	定义	图示
燃烧室容积	活塞位于上止点时，活塞顶面以上气缸盖以下所形成的空间为燃烧室，其容积为燃烧室容积，用 V_c 表示	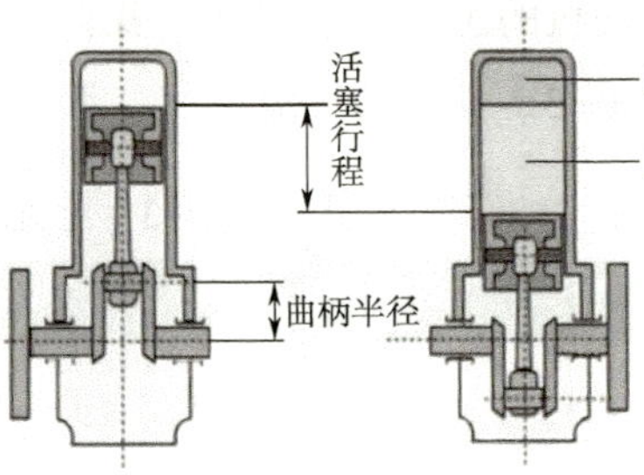
气缸总容积	气缸工作容积与燃烧室容积之和	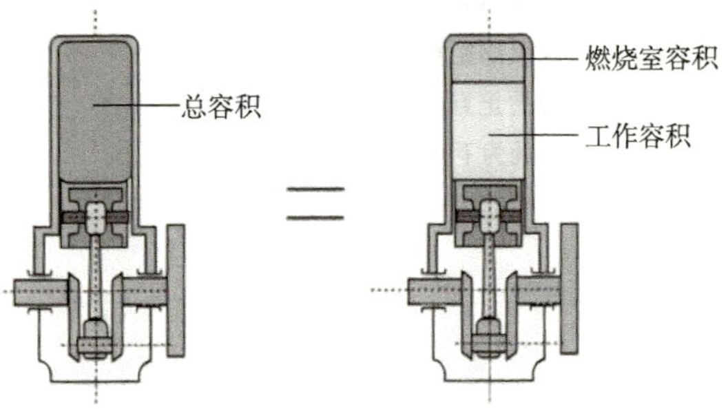
发动机排量	发动机所有气缸工作容积之和，用 V_L 表示	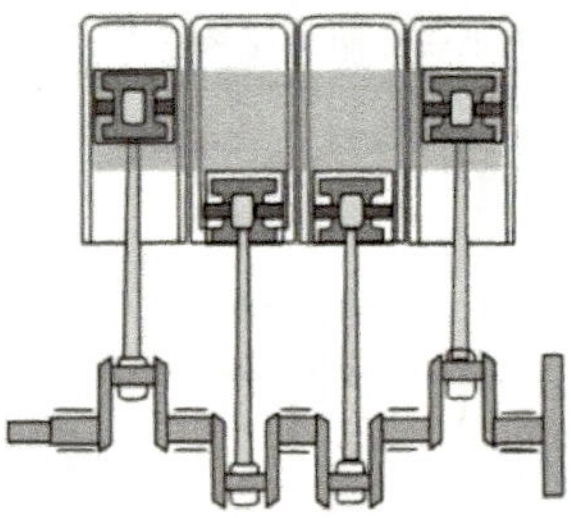
压缩比	气缸总容积与燃烧室容积之比，用 ε 表示	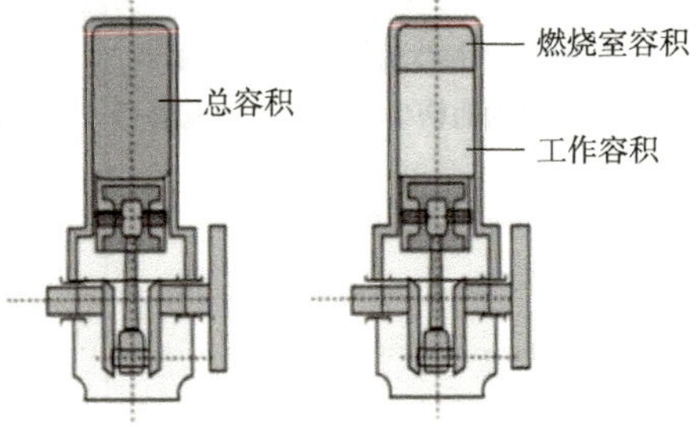

五、往复活塞式内燃机工作原理

我们以最常见的往复活塞式四冲程发动机为例，介绍发动机工作时完成进气、压缩、做功和排气四个行程，即在一个工作循环内每一个行程的工作状态，具体工作原理见表 0-0-4。

表 0-0-4　发动机的工作原理

工作行程	工作原理	图示
进气行程	活塞由曲轴带动从上止点向下止点运动，此时排气门关闭，进气门开启，由于活塞下移，气缸内容积逐渐增大，形成一定的真空度，于是经燃料供给系形成的可燃混合气，通过进气门被吸入气缸，活塞到达下止点时，进气门关闭，进气停止	
压缩行程	进气行程结束时，活塞在曲轴的带动下，从下止点向上止点运动，气缸内容积逐渐减小，由于进、排气门均关闭，可燃混合气被压缩，活塞到达上止点时，压缩结束	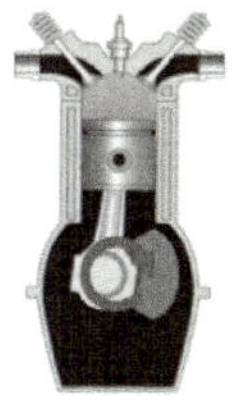
做功行程	在压缩行程末，火花塞产生电火花点燃可燃混合气并燃烧，气体温度、压力迅速升高并膨胀，从而推动活塞由上止点向下止点运动，再通过连杆驱动曲轴转动做功，活塞到达下止点时做功结束	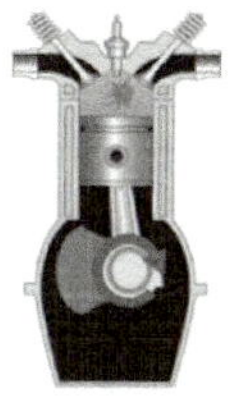
排气行程	在做功行程结束时，排气门打开，曲轴通过连杆推动活塞由下止点向上止点运动，废气在自身剩余压力和活塞的推力作用下，排出气缸，活塞到达上止点时，排气门关闭，排气结束。下一个工作循环再吸入新鲜可燃混合气，依次循环往复	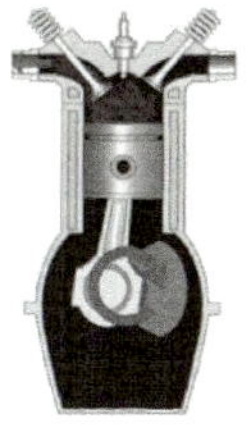

【任务总结与思考】

一、学习总结

目前轿车常用的是四冲程往复活塞式水冷汽油发动机，发动机常用直列或 V 型布置方式。发动机是汽车上最复杂的部分，包括两大机构和五大系统。两大机构是曲柄连杆机构和配气机构；五大系统包括点火系统、燃料供给系统、冷却系统、润滑系统和启动系统。

曲柄连杆机构包括机体组、活塞连杆组、曲轴飞轮组。配气机构包括气门组和气门传动组。发动机的机体组是发动机的“躯体”，它是发动机的支架，装配基体。配气机构是发动机的“肺”，定时开启和关闭进、排气门，实现换气过程。燃料供给系统是发动机的“消化系统”，它将混合气供入气缸，将废气排出车外。润滑系统是发动机的“心血管系统”，它向发动机运动零件表面输送润滑油。

二、思考题

（1）汽车发动机总体结构由哪些系统组成？各起什么作用？

（2）分别解释上止点、气缸总容积、排量的含义。

【思政园地】

大国工匠——刘源

刘源，中共党员，重庆长安汽车股份有限公司渝北工厂机电高级技师、电气高级工程师，先后获得中华技能大奖、全国劳动模范、中国质量工匠、国务院政府特殊津贴、全国技术能手、国家人才培育突出贡献奖、国资委首批百名杰出工匠、兵器装备集团技能带头人等多项荣誉称号。

他自16岁进入长安汽车工作，长期奋战在设备维修事业的第一线，用心只为干好一件事——机电维修。“只要肯学习，一切都不是问题”，他始终坚持学习新技术，并掌握了横跨电子、电路、自动化、机械、液压气路控制等多个领域的维修知识和技术，对机电设备原理和各类故障有着敏锐的洞察能力和高效的解决能力，被同行誉为“机电神医”。通过不懈努力与持续创新，刘源从一名普通维修工人逐步成长为业界知名的技能大师，为长安汽车改革建设做出了较大贡献。

为了“在重要维修技术上不受制于人”，刘源长期开展技术创新和攻关，实现自主维护关键设备、自主开发维修技术。在30余年的维修工作中，他凭借经验积累，摸索自创了一套独特的“看、听、析、查”四步维修法，即看损坏部位，听异响声源，析故障线索，查病因真凶。运用此方法，极大降低了设备维修时间，为设备良好运行提供了重要维修依据，填补了国内维修资料空白，并成功维修了国外设备出现的故障。

2013年10月，长安汽车刘源国家级技能大师工作室成立。目前，工作室已培养出全国技术能手5名、中央企业及兵装技术能手各2名，兵装集团技能带头人和青年拔尖人才各1名，公司技能专家3名，高级技师8名、技师16名。因工作突出，刘源于2015年获得“国家技能人才培育突出贡献奖”，并担任各级人才评审专家。

刘源表示，他将依托工作室，走进基层、走进车间，与一线技工，特别是年轻的技术工人，面对面交流学习党的二十大精神的心得体会，坚定他们技能成长的信心，同时，努力在职业技能培训方面下功夫，为建立完整的职业技能培训标准体系出力，为国家培养更多“大国工匠”。

项目一　机体组及曲柄连杆机构的检测与维修

机体组是发动机的骨架，是发动机各系统和构件的安装基体。曲柄连杆机构是发动机的重要组成机构之一，由活塞连杆组、曲轴飞轮组组成。活塞连杆组由曲柄滑块机构演化而来，由活塞充当主动件，将活塞的直线往复运动通过连杆传递给曲柄，转化为旋转运动，再通过曲轴飞轮组将旋转动力输出。

任务一　机体组的结构与检修

【任务目标】

知识目标

1. 通过查阅资料，掌握机体组的作用、类型、结构及原理

2. 通过查阅资料，正确认识气缸体变形的原因及其规律，掌握气缸体磨损变形检修的步骤及注意事项

3. 通过查阅资料，掌握气缸盖的作用、类型、结构，掌握气缸盖常见故障

能力目标

1. 通过查阅资料，对照发动机向组员描述机体组的作用、类型、组成

2. 自主查阅维修资料，列举出机体组的组成、类型、各组成部件基本构造、功能及其工作原理

3. 查阅资料，根据维修手册要求，制订机体组检修计划，并写出注意事项

4. 自主查阅维修资料，能对机体组进行规范拆装，并理解检修注意事项

5. 正确使用工量具对机体组进行拆装和检修

素养目标

1. 全面了解机体组检修任务的目标、需要完成的作业，在任务实施过程中进行自我管理、做好过程记录、符合 7S 管理规范

2. 积极主动查阅维修手册、汽车发动机构造与维修等相关资料，与组员相互配合、有效沟通，并在规定时间内完成机体组检修任务所需知识的收集、整理和归纳

3. 完成机体组检修任务的分配或服从组长安排，与组员相互讨论，采纳其他人员的合理建议并共同完成任务实施计划的制订

4. 在任务实施过程中公平、公正地评价任务实施情况，对不合理、不规范的操作进行客观点评，养成良好的职业道德修养

5. 改正机体组检修任务实施中出现的不合理、不规范的操作并反复训练，做到精益求精，争做汽车维修行业高技能人才

【任务描述】

一辆速腾汽车在高速路上行驶一段时间后，出现发动机异响，熄火后车辆无法启动。车主下车观察后发现发动机底部出现大量油液。经 4S 店初步检查，并和车主沟通，了解到车辆发动机可能进水。

由此，维修技师判断活塞连杆组件和曲轴可能出现变形等，需要对发动机进行拆机检修。在得到车主的同意并签字后，维修人员对该车发动机进行拆机检修。经过拆机维修，发现进水造成发动机部分机械部件、连杆和曲轴等受损，并在高速行驶时出现连杆断裂等。维修技师建议发动机大修或更换发动机总成。

如果你是维修技师，会如何处理？在维修此类故障时，需要有哪些理论知识储备呢？

【知识储备】

曲柄连杆机构的功用是将燃料燃烧时产生的气体膨胀力转变为活塞往复运动的机械能，再通过活塞销和连杆将活塞的往复运动变为曲轴的旋转运动，并对外输出动力。

机体组是发动机的重要组成部分，是发动机的骨架和外壳，是发动机各机构、各系统主要零部件及辅助系统的装配机体，也是发动机形状尺寸的主要决定因素。机体组由气缸体、气缸盖、气缸垫、气缸盖罩、油底壳及发动机支架等组成。

一、气缸体

现在的气缸体一般用铝合金铸造，工作时承受各种不同形式的机械载荷和热负荷。这就要求气缸体有足够的强度、刚度，耐磨损、耐腐蚀，且要进行适当的冷却，以保证发动机工作在最佳温度范围内。因此，气缸体内部有纵横布置的油道以满足润滑需求，有冷却水套以满足冷却需求，同时在保证气缸体刚度和强度的前提下，在机体侧壁和前后壁的内外表面及缸间的横板上均有加强肋（如图 1-1-1 所示），以尽可能做到轻量化节能减排的目的。

1-气缸体上平面　2-气缸　3-油道　4-水套
5-气缸体底面　6-横隔板加强肋　7-气缸体侧壁　8-侧壁加强肋

图 1-1-1　气缸体

气缸体的构造与气缸排列形式、气缸结构形式、曲轴箱结构形式有关。按气缸排列形式有直列式、V 型式和对置式三种，按气缸结构形式有无气缸套式、干气缸套式和湿气缸套式三种，按曲轴箱结构形式有平底式、龙门式和隧道式三种。

（一）按气缸排列形式

发动机气缸体常见的排列形式有直列式、V 型式和对置式三种，它们各有优缺点，详见表 1-1-1。

表 1-1-1　常见气缸排列形式对比

类型	优点	缺点	图片
直列式	气缸体结构简单，易于加工，多用于六缸以下的发动机	发动机长度长、高度高	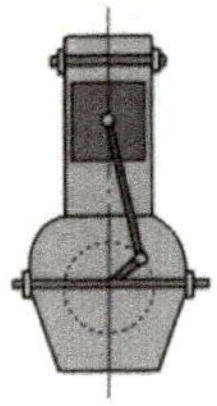
V 型式	缩短发动机的长度和高度，增加气缸体刚度，减轻整体质量	结构复杂，增加了发动机宽度，加工困难	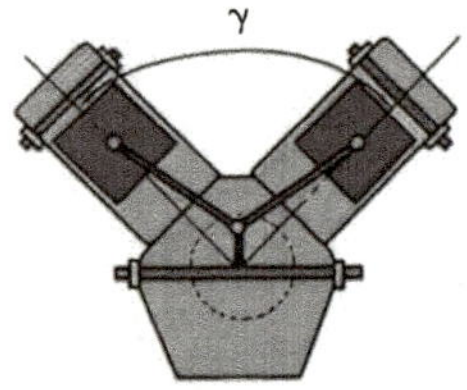
对置式	发动机高度低、重心低	机体较宽，润滑差，磨损不均	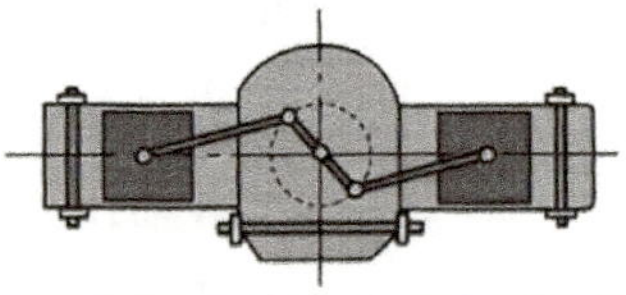

（二）按气缸结构形式

为提高气缸耐磨性、延长使用寿命，气缸会采用不同的结构形式和表面处理方法。按气缸结构形式有无气缸套式、干气缸套式和湿气缸套式三种，它们各有优缺点，详见表 1-1-2。

表 1-1-2　常见气缸结构形式对比

类型	优点	缺点	图片
无气缸套式	气缸体刚度大，工艺性好，可缩短气缸中心距，减小气缸体尺寸和质量	气缸体需整体使用耐磨材料，造成材料浪费，成本高	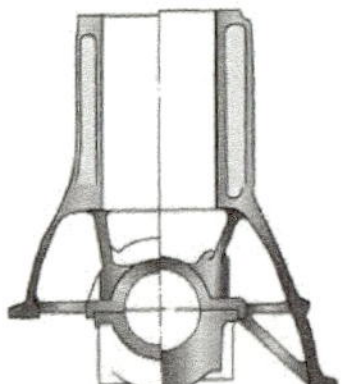

续表

类型	优点	缺点	图片
干气缸套式	气缸套不与冷却液接触，镶嵌式气缸体刚度大，气缸中心距小，质量轻，加工简单	传热效果差，温度分布不均匀，易发生局部变形	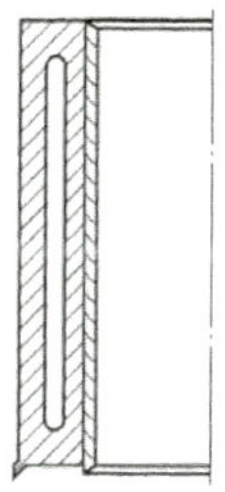
湿气缸套式	气缸套外壁与冷却液接触，气缸体没有封闭水套，易铸造，传热效果好，温度分布均匀，维修方便	气缸体刚度差，易漏水	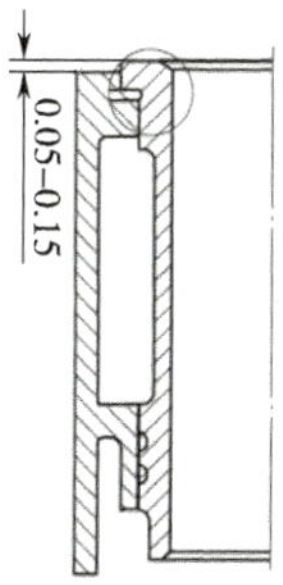

（三）按曲轴箱结构形式

按曲轴箱结构形式的不同，气缸体有平底式、龙门式和隧道式三种，它们各有优缺点，详见表 1-1-3。

表 1-1-3　常见曲轴箱结构形式对比

类型	优点	缺点	图片
平底式	气缸体底平面与曲轴轴线齐平。气缸体高度低、质量轻、加工方便	与龙门式、隧道式相比刚度差，气缸体前后端与油底壳之间安装密封较复杂	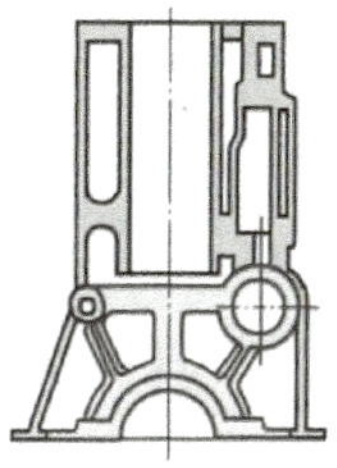
龙门式	气缸体底平面在曲轴轴线以下。气缸体刚度较平底式显著提高，缸体底平面与油底壳密封较简单	气缸体高度增加	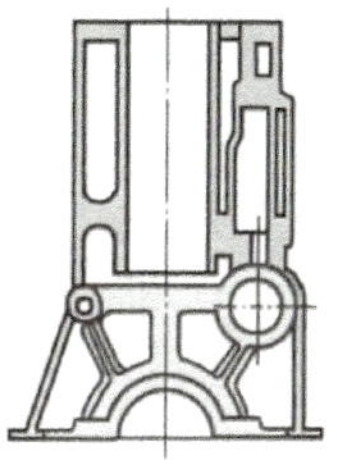

续表

类型	优点	缺点	图片
隧道式	主轴承孔不剖分的气缸体。气缸体刚度大，主轴承孔的同轴度好	滚动轴承价格高，一般不用于高速发动机	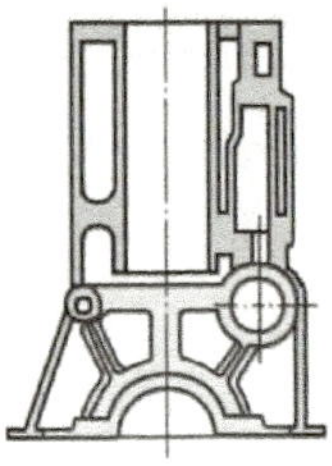

气缸体作为发动机的装配基体，承受各种载荷。随着发动机使用时间的增加，会因磨损或保养不当等造成气缸体的损坏，这就需要维修人员进行检查维修。

气缸体常见故障有气缸体裂纹、翘曲变形、磨损等。

（四）气缸体的检修

气缸体出现裂纹，可用水压试验法检查。具体操作是将气缸盖及气缸垫安装在气缸体上，将一定压力的水通过水泵入口引入，堵住其他水道口，保持水压在 350～450 kPa 并维持 5 min。然后检查气缸体、气缸盖等有无水渗漏。若有水漏出，说明有裂纹，可根据实际情况判定维修或更换气缸体。

气缸体出现翘曲变形，可使用塞尺和刀口尺测量气缸体上平面。若变形量较小，可采用铲削法维修；若变形量较大，可采用平面磨床修磨；当变形量过大时再进行修磨，可能会导致发动机压缩比的改变。

发动机经过长期的使用后，气缸内表面在活塞环运动的范围内会形成不均匀、程度不同的磨损。气缸磨损到一定程度后会出现发动机动力下降的现象，此时燃油消耗也会增多，这种情况下发动机需要进行大修。

气缸的磨损规律：沿气缸轴线方向磨成上大下小的锥形，磨损最大的部位是当活塞环在上止点时第一道活塞环相对应的缸壁。活塞环不接触的上口，几乎没有磨损而形成台阶。气缸沿圆周方向磨损也不均匀，形成不规则的椭圆形，最大径向磨损区通常位于进气门的对面附近。

气缸的锥形磨损如图 1-1-2 所示。

气缸的磨损要分析其磨损性质，沿活塞行程呈倒锥形是正常磨损，其他的为非正常磨损。一般情况下，我们会使用内径百分表来测量气缸内径变化值，用来确定气缸的圆度和圆柱度。在测量时，选取气缸轴线方向三个截面位置（如图 1-1-3 所示），一般选上、中、下三个位置，具体要根据维修手册要求选取，测量其圆度和圆柱度。根据气缸的磨损规律，为准确反映并快速测量出气缸的磨损情况，每个截面选取曲轴轴线方向 A 和垂直曲轴轴线方向 B 测量两个数值。（注意：不要在发动机修理台架上测量气缸内径，以防因气缸体受力不均匀而变形，影响测量结果。）测量出结果后，根据计算得出气缸的修理尺寸等级，并确定修理方法。

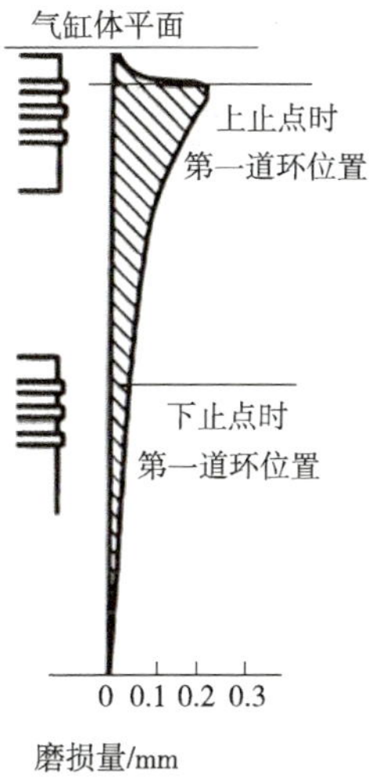

图 1-1-2　气缸的锥形磨损

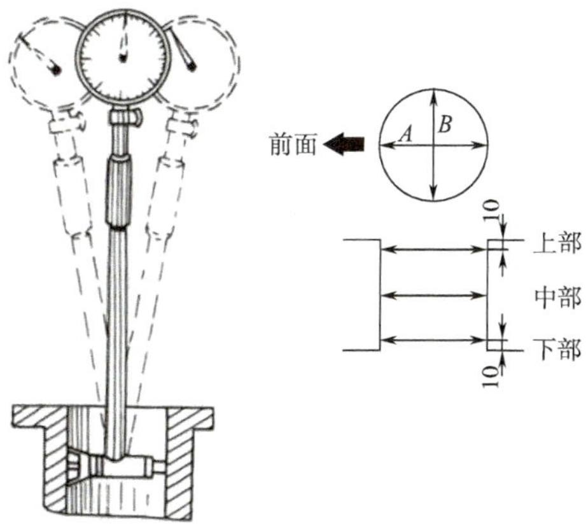

图 1-1-3　气缸的测量部位

二、气缸盖

气缸盖用来封闭气缸顶部，与活塞和气缸壁一起构成燃烧室。气缸盖上还需安装气门组、部分气门传动组、火花塞或喷油器，内部还需铸有水道、油道、气道，是结构非常复杂的箱型零件。

为了保证燃烧室的良好密封，同时承受可燃混合气的燃烧膨胀压力、热负荷和紧固气缸盖螺栓所造成的机械负荷等恶劣工作环境，气缸盖应具有足够的强度、刚度和导热性。因铝合金材质具有易铸造、质量轻、强度高、耐腐蚀、导热性能好等优点，可以满足气缸盖各方面的要求，所以铝合金气缸盖被越来越广泛地采用，如图 1-1-4 所示。整体铸造式气缸盖，因其结构紧凑、气缸中心距小，在大批量生产时较经济，一般在气缸数较少（一般指小于六个）时采用。

气缸盖是燃烧室的组成部分，燃烧室的形状对发动机工作的影响很大。为提高发动机性能，燃烧室应满足几个要求：一是结构紧凑，以减少热损失，提高热效率。二是尽可能增大进气量，从而提高发动机功率。三是能在压缩终了产生挤气涡流，提高混合气燃烧速度。四是汽油机的燃烧室要保证火焰传播距离短，以防发生不正常燃烧；柴油机的燃烧室要与燃油喷射、空气涡流相配合。

汽油机和柴油机的燃烧方式不同，其气缸盖上组成燃烧室的部分差别也很大。柴油机的燃烧室主要在活塞顶部的凹坑（见图 1-1-5），汽油机的燃烧室主要在气缸盖上（见图 1-1-6）。

图 1-1-4　气缸盖

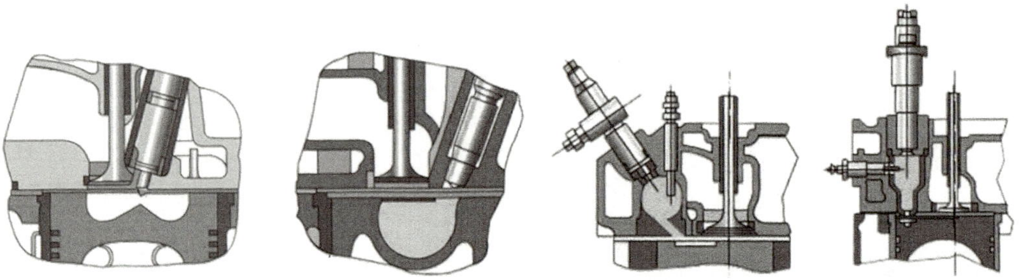

（a）直喷式ω型燃烧室　（b）直喷式涡流型燃烧室　（c）分隔式涡流型燃烧室　（d）分隔式预燃式燃烧室

图 1-1-5　柴油机燃烧室形状

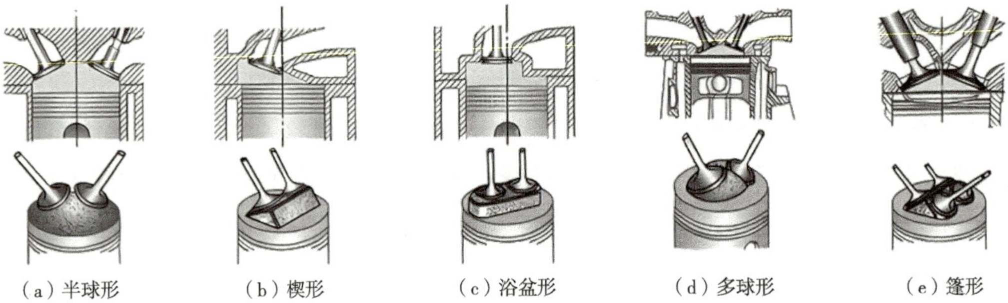

（a）半球形　（b）楔形　（c）浴盆形　（d）多球形　（e）篷形

图 1-1-6　汽油机燃烧室类型

气缸盖的变形主要是翘曲变形。造成这种变形的原因，除了热负荷和热应力的因素，还有非正常拆卸气缸盖。检测气缸盖变形多用刀口尺和厚薄规配合进行，检测时要选取正确的测量位置（如图 1-1-7 所示），具体位置要查找维修手册，并用厚薄规测量变形的最大值，根据维修手册查找气缸盖下平面变形的极限和修理尺寸。若平面度超过可用极限，应更换气缸盖，以免引起压缩比的改变。

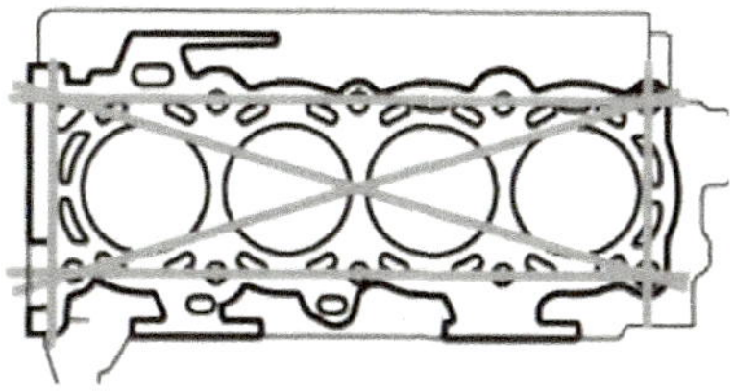

图 1-1-7　气缸盖下平面的检测位置

三、气缸垫

气缸垫（见图 1-1-8）安装在气缸盖和气缸体之间，其功用是保证气缸盖和气缸体接触面的密封性，防止漏气、漏水和漏油，并承受气缸盖螺栓的压力，燃烧气体的高温、高压作用等。

因此，气缸垫的材料要有一定的弹性，能补偿结合面的不平度以确保密封，同时要有良好的耐热性和耐压性，在高温高压下不烧损、不变形。目前应用较多的是铜皮-棉结构的气缸垫，由于铜皮-棉气缸垫翻边外有三层铜皮，压紧时较之石棉不易变形。

注意：安装气缸垫时，首先要检查气缸垫的质量和完好程度，所有的气缸垫上的孔要与气缸体上的孔对齐，将光滑的一面朝向气缸体（一般气缸体上平面会有定位销，以协助气缸盖的安装），防止被高温气体冲坏。其次要严格按照说明书上的要求拧紧气缸盖螺栓。安装气缸盖螺栓必须按照由中央对称地向四周扩展的顺序分 2～3 次进行，最后一次拧紧到规定的力矩。

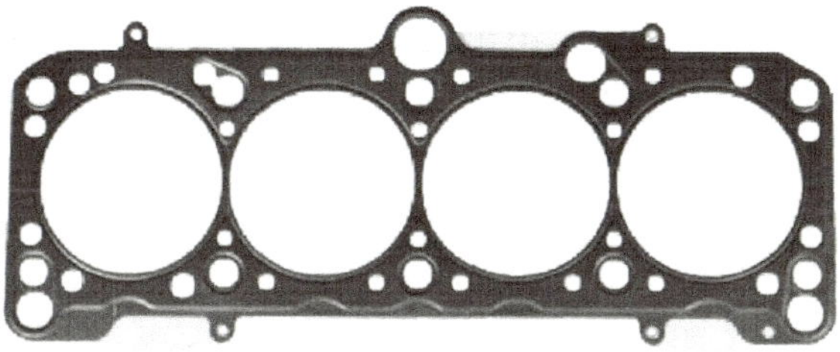

图 1-1-8　气缸垫

四、油底壳

油底壳是用来储存和冷却机油并封闭曲轴箱的，一般用薄钢板冲压而成，内部设有挡油板，以防止汽车振动时油底壳油面产生较大的波动，最低处有放油塞，曲轴箱与油底壳之间有密封衬垫（见图 1-1-9）。油底壳一般用磁铁来吸附极细的磨削物。

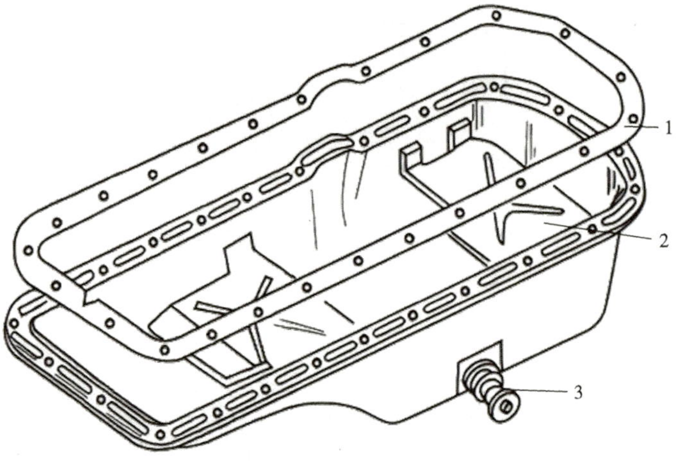

1–衬垫　2–稳油挡板　3–放油螺栓

图 1–1–9　油底壳

五、发动机附件及支架

发动机通过气缸体或变速器壳体上的支承支撑在车架上，一般有三点支承和四点支承两种。

发动机机体组除上述气缸体与曲轴箱、气缸盖、气缸垫、油底壳之外，还包括发动机附件支架。发动机的附件一般通过发动机附件支架与发动机连接。每个附件支架大都通过组合皮带驱动，所以附件支架一般都靠近发动机前端，这样才能使附件安装后处在一个水平面上。

由于设计不同，不同汽车发动机的附件配备也不同。一般来讲，发动机的主要附件包括转向助力泵、发电机、空调压缩机、二次空气喷射气泵、散热器风扇等。

【制订计划与实施计划】

根据任务描述及知识储备相关内容进行实施计划的制订和决策，并在实施过程中完成学生工作手册相关内容的填写，具体实施计划可通过扫描二维码参照执行。

项目一任务一

【知识链接】

游标卡尺是一种用来测量零件的外径、内径、长度、宽度、厚度、深度和孔距等的常用工具，由主尺和附在主尺上能滑动的游标两部分构成。它具有结构简单、使用方便、精度高和测量范围大等特点，应用广泛。

一、游标卡尺简介

游标卡尺的结构如图 1-1-10 所示，主尺以毫米为单位，游标尺上有不同数目的分格。根据测量精度不同，游标尺上有 10 个分格、20 个分格、50 个分格三种类型，称为 10 分度游标卡尺、20 分度游标卡尺、50 分度游标卡尺，游标为 10 分度的长度为 9 mm，20 分度的长度为 19 mm，50 分度的长度为 49 mm，对应测量精度分别为 0. 1 mm、0. 05 mm、0. 02 mm。

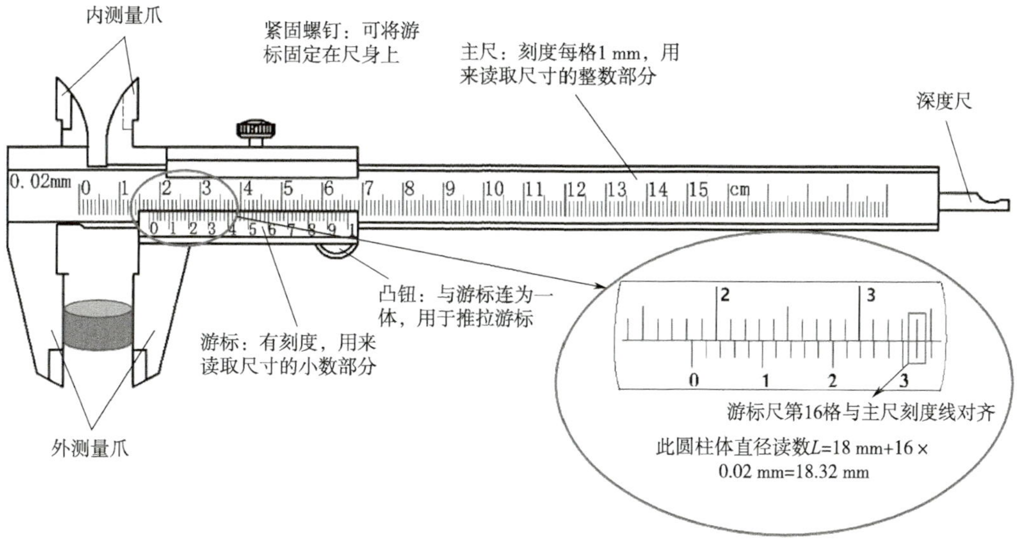

图 1-1-10　游标卡尺构造及读数示例

游标卡尺的主尺和游标上有两副活动测量爪，分别是内测量爪和外测量爪。内测量爪通常用来测量内径，外测量爪通常用来测量长度和外径，深度尺则用来测量孔或槽的深度。

二、游标卡尺的使用

（1）校零：测试前用软布将测量爪擦干净，使其并拢，查看游标和主尺身的零刻度线是否对齐，并确认选用的游标卡尺精确度。若未对齐，应根据原始误差修正测量读数。

（2）测量：测量工件时，右手拿住尺身，大拇指移动游标，左手拿待测物体，使待测物体位于测量爪之间，并紧贴量爪，然后锁紧紧固螺钉。

（3）读数：确认卡尺的分度值后，读取主尺零刻度线与游标尺零刻度线之间的毫米整数；再使游标上第 n 条刻度线与主尺某条刻度线对齐，得出小数部分为 $n\times$精确度。最终得出的测量物体尺寸 $L=$毫米整数部分+小数部分。

注意：游标卡尺不估读。

三、游标卡尺使用注意事项

（1）游标卡尺是高精密的测量工具，要轻拿轻放，不得碰撞或跌落地下；不要用来测量粗糙的物体，以免损坏量爪；不使用时应擦拭干净，置于卡尺盒内，放在干燥中性的地方，远离酸碱性物质，防止锈蚀。

（2）测量前，应把卡尺擦干净，检查卡尺的两个测量面和测量刃口是否平直无损，把两个量爪紧密贴合时，应无明显的间隙，同时游标和主尺的零位刻线要相互对准。这个过程被称为校对游标卡尺的零位。若未对齐，应在测量后根据原始误差修正读数。

（3）用游标卡尺测量零件时，不允许过分地施加压力，所用的力应使两个量爪刚好接触零件表面。如果测量用力过大，不但会使量爪弯曲或磨损，量爪在压力作用下也会产生弹性变形，使测量出的尺寸不准确（外尺寸小于实际尺寸，内尺寸大于实际尺寸）。

（4）移动游标尺时，活动要自如，不应过松或过紧，更不能有晃动现象。用固定螺钉固定游标尺时，应使卡尺的读数不再改变。在移动游标尺时，不要忘记松开固定螺钉，亦不宜过松以免掉落。

（5）在游标卡尺上读数时，人的视线应尽可能和卡尺的刻线表面垂直，以免造成读数误差。为了准确测量，可以多测几次，求得平均值，以使测量结果尽可能接近实际尺寸。

【任务总结与思考】

一、故障分析与总结

对本次任务实施过程及结果的评价详见工作手册相关内容。

根据故障现象，我们对发动机的机体组进行拆卸检查。检查机体组时，发现气缸体损坏，应是断裂的连杆造成。更换为新的气缸体并安装后，机体组没有出现其他故障，因此机体组故障被排除。

二、思考题

（1）曲柄连杆机构的作用及组成各是什么？

（2）在机体组拆检过程中，有哪些注意事项？

（3）机体组需要进行哪些项目的检查维修？

（4）你在机体组拆装检查过程中扮演什么角色？你认为自己还有哪些方面需要改进？

【思政园地】

河北大工匠、特级技师——张赫

张赫，中共党员，大专学历。河北长安汽车有限公司总装一车间汽车调试工，特级技师，兵装集团技能带头人，享受国务院政府特殊津贴专家，先后荣获河北省突出贡献技师、全国五一劳动奖章、全国技术能手等称号。

1996 年，张赫从技校汽车维修专业毕业后，先后在胜利客车大修厂、保定长城客车售后服务部工作。2005 年初，张赫加入河北长安汽车有限公司，从此开始了他在河北长安的汽车追梦之旅。

“干一行、爱一行、钻一行、精一行”是张赫多年来对待工作的态度和精神追求。工作 27 年来，他一直发扬执着专注、精益求精、一丝不苟、追求卓越的精神，创新发明多项汽车问题诊断法，攻克无数技术难题，并自创编制“张赫调整法”，确保河北省汽车产业战略产品新长安之星微客成功量产上市；通过“望、闻、听、感”诊断法，多年来张赫共查找各类质量问题达 42 项，避免了批量质量问题下转，为公司减少质量损失 1 200 万元。

2016 年 9 月“张赫劳模工作室”揭牌以来，工作室逐渐形成完备的工作运行机制，并取得了丰硕的成果。在技术攻关方面，工作室团队牵头解决生产线影响质量、效率的老大难问题 9 项，创造经济效益 200 余万元。在人才培养方面，工作室通过以赛代训建立了“新手变熟手、熟手变能手、能手变高手”的培训模式。根据公司实际情况，将人才培养划分为三个平台，为不同层次员工提供精准培训。仅 2022 年前三个季度共培养车间级技能之星 107 名，多名徒弟在省市级、国家级技能大赛上获奖。接下来，张赫将继续发扬工匠精神，保持“干劲、钻劲、拼劲、闯劲”不松劲，立足自己的本职岗位，与工友一道撸起袖子加油干、风雨无阻向前行，在中国式现代化河北场景建设中贡献新的更大力量。

任务二　曲轴飞轮组的结构与检修

【任务目标】

知识目标

1. 通过查阅资料，掌握曲轴飞轮组的作用、结构组成
2. 通过查阅资料，掌握曲轴的布置形式及原理
3. 通过查阅资料，掌握曲轴飞轮组常见故障

能力目标

1. 通过查阅资料，正确认识曲轴飞轮组的作用、结构组成，并向组员描述
2. 查阅资料，根据维修手册要求，制订曲轴飞轮组检修计划，并写出注意事项
3. 根据制订的维修计划对曲轴飞轮组主要零件进行规范拆装和检测
4. 查阅资料，正确使用工量具对曲轴飞轮组各部件进行检修

素养目标

1. 全面了解曲轴飞轮组检修任务的目标、需要完成的作业，在任务实施过程中进行自我管理、做好过程记录、符合 7S 管理规范

2. 积极主动查阅维修手册、汽车发动机构造与维修等相关资料，与组员相互配合、有效沟通，并在规定时间内完成曲轴飞轮组检修任务所需知识的收集、整理和归纳

3. 完成曲轴飞轮组检修任务的分配或服从组长安排，与组员相互讨论，采纳其他人员的合理建议并共同完成任务实施计划的制订

4. 在任务实施过程中公平、公正地评价任务实施情况，对不合理、不规范的操作进行客观点评，养成良好的职业道德修养

5. 改正曲轴飞轮组检修任务实施中出现的不合理、不规范的操作并反复训练，做到精益求精，争做汽车维修行业高技能人才

【任务描述】

沿用上一任务的案例，一辆速腾汽车在高速路上熄火并无法启动，发动机底部出现大量油液。曾发生发动机进水情况。由此，维修技师判断曲轴、活塞连杆组等可能出现变形等，需要对发动机进行拆机检修。在得到车主的同意并签字后，维修人员对该车发动机进行拆机检修，发现曲轴飞轮组有较多变形损坏的部件。

如果你是维修人员，需要对曲轴飞轮组的哪些部件进行测量？应如何维修？我们通过本次任务来学习相关技能。

【知识储备】

曲轴飞轮组主要由曲轴、飞轮、主轴承、主轴瓦、曲轴止推轴承（常用的为止推垫片或翻边轴瓦）、主轴承盖、曲轴密封件等组成（见图 1-2-1）。

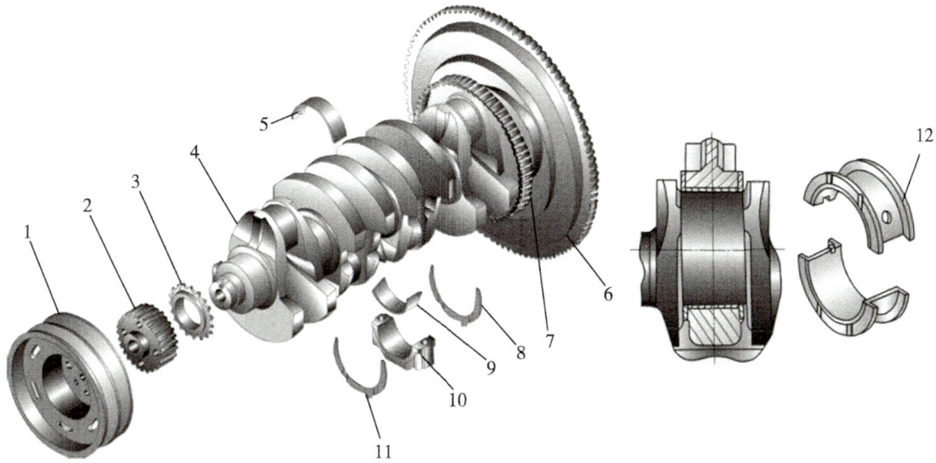

1-曲轴皮带轮　2-曲轴正时齿轮　3-机油泵链轮　4-曲柄臂　5-主轴瓦
6-飞轮　7-转速传感器脉冲轮　8、11-止推垫片　9-主轴瓦　10-主轴承盖　12-翻边轴瓦

图 1-2-1　曲轴飞轮组的组成

一、曲轴

（一）曲轴的功用及工作条件

曲轴的功用是将活塞连杆组传来的气体压力转变为曲轴旋转的转矩，用以带动发动机其他机构和系统转动，并向外输出动力。

曲轴承受周期性变化的气体压力、惯性力及其力矩作用，因此曲轴承受弯曲和扭转交变载荷。所以，曲轴应该具有足够的强度和刚度，并保证拥有良好的润滑。现代汽车发动机广泛采用球墨铸铁曲轴，其成本低，耐磨性能好，轴颈不需硬化处理。为了提高曲轴的疲劳强度，消除应力集中，曲轴主轴颈、曲柄销与曲柄臂的连接处都采用过渡圆弧连接。

（二）曲轴的构造

曲轴主要由曲轴前端（正时带轮）、主轴颈、连杆轴颈、曲柄臂、平衡重、曲轴后端凸缘等组成（见图 1-2-2），在一些电控发动机的曲轴前端或后端还会安装曲轴位置传感器信号轮。曲轴的连杆轴颈和它左右两侧的曲柄臂及两个主轴颈组成一个曲拐单元，曲拐数取决于气缸的数目和排列方式。

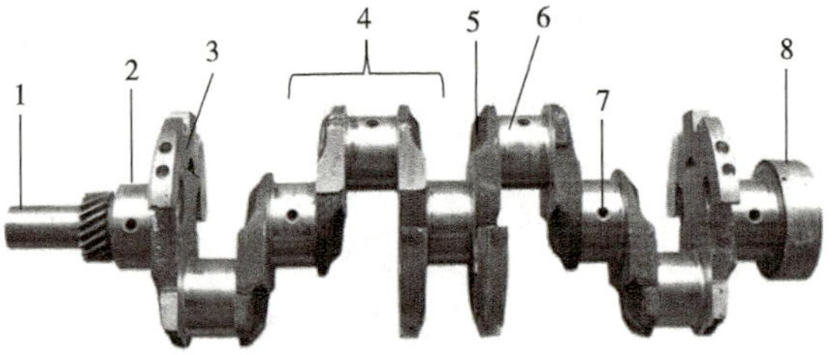

1–曲轴前端 2–主轴颈 3–平衡重 4–曲拐 5–曲柄臂 6–连杆轴颈 7–油孔 8–曲轴后端

图 1–2–2　曲轴的组成

主轴颈通过主轴承座孔和轴承盖支撑于发动机曲轴箱箱体上，主轴颈与连杆轴颈之间有油道相通，主轴承盖与缸体曲轴箱用螺栓固定在一起，在每个连杆轴颈两侧都加工出主轴颈，用来支撑曲轴的，称为全支撑式。主轴颈数目比连杆轴颈少的支撑方式，则称为非全支撑式。其特点见表 1–2–1。

表 1–2–1　曲轴类型的对比

	优点	缺点	应用	图示
全支撑曲轴	提高曲轴的刚度和弯曲强度，减轻主轴承的载荷	曲轴的加工表面增多，主轴承数增多，使机体加长	大多数发动机采用此种支撑方式	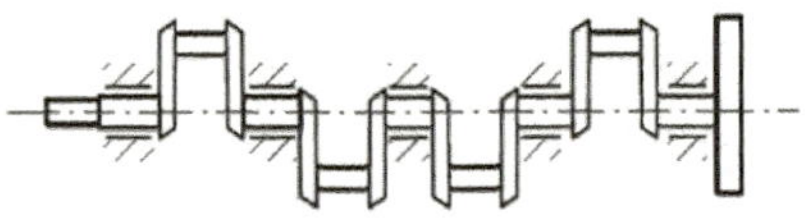
非全支撑曲轴	缩短了曲轴的长度，使发动机总体长度有所减小	与全支撑曲轴相比，每个主轴承载荷变大	承受载荷较小的汽油机可以采用此种方式	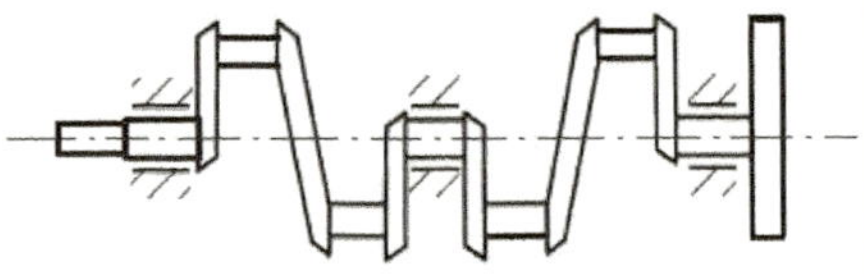

连杆轴颈用来安装连杆大头，直列式发动机的连杆轴颈与气缸数相等，有些 V 型发动机由于两个连杆共同装在一个连杆轴颈上，故连杆轴颈数为气缸数的一半。

曲柄用来连接主轴颈和连杆轴颈，曲柄上还加有平衡重，用来平衡曲轴的离心力和离心力矩，还可以抵消一部分往复惯性力。若每个曲柄臂都装有平衡重，称为完全平衡法；若只在部分曲柄臂装有平衡重，则称为分段平衡法。

为了防止润滑油沿曲轴前后轴颈外漏，在曲轴前后都设有防漏装置。常用的防漏装置有挡油盘、填料油封、自紧油封、回油螺纹等。一般发动机都采用两种或两种以上防漏装置，组成复合式防漏结构。

（三）曲拐布置与发动机工作顺序

曲轴曲拐的布置取决于气缸数、气缸排列形式和发动机工作顺序。在发动机的气缸数和排列形式确定后，曲拐的布置只和发动机工作顺序有关。在选择发动机工作顺序时，要注意以下几点：

首先，应使连续做功的两个气缸相距尽可能地远，以减轻主轴承的载荷，并避免进气时发生抢气。

其次，各缸做功的曲轴转角应相同，以保证发动机运转平稳。常见的四缸四冲程发动机在一个工作循环的曲轴转角内，每个气缸都做一次功，即曲轴每转 720°/4 = 180°时，就有一缸点火做功。

最后，V 型发动机左右两侧气缸的点火做功应交替进行。

下面以常见的直列四冲程四缸发动机和直列四冲程六缸发动机为例分别介绍其工作顺序和曲拐布置形式。

直列四冲程四缸发动机的做功间隔为 180° 曲轴转角。四个曲拐布置在同一个平面内，发动机做功顺序有两种，分别是 1–3–4–2 和 1–2–4–3，其工作循环如图 1–2–3 所示。

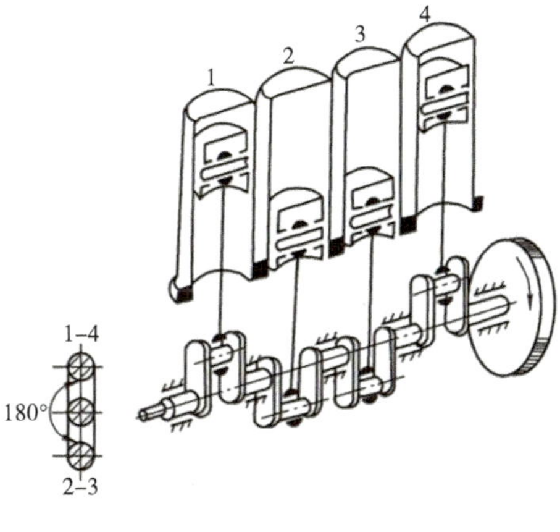

直列四冲程四缸发动机做功循环表
（工作顺序1–3–4–2）

曲轴转角（°）	第一缸	第二缸	第三缸	第四缸
0~180	做功	排气	压缩	进气
180~360	排气	进气	做功	压缩
360~540	进气	压缩	排气	做功
540~720	压缩	做功	进气	排气

直列四冲程四缸发动机做功循环表
（工作顺序1–2–4–3）

曲轴转角（°）	第一缸	第二缸	第三缸	第四缸
0~180	做功	压缩	排气	进气
180~360	排气	做功	进气	压缩
360~540	进气	排气	压缩	做功
540~720	压缩	进气	做功	排气

图 1–2–3　直列四冲程四缸发动机曲拐布置及工作循环表

直列四冲程六缸发动机的做功间隔为 720°/6 = 120° 曲轴转角。六个曲拐布置互成 120°，发动机做功顺序有两种，分别是 1–5–3–6–2–4 和 1–4–2–6–3–5，其工作循环如图 1–2–4 所示。

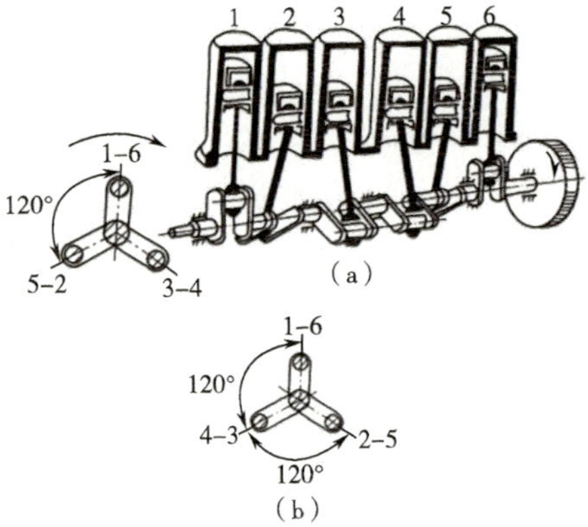

直列四冲程六缸发动机做功循环表
（工作顺序1-5-3-6-2-4）

<table>
<tr><th colspan="2">曲轴转角（°）</th><th>第一缸</th><th>第二缸</th><th>第三缸</th><th>第四缸</th><th>第五缸</th><th>第六缸</th></tr>
<tr><td rowspan="3">0~180</td><td>0~60</td><td rowspan="3">做功</td><td rowspan="2">排气</td><td></td><td></td><td rowspan="2">压缩</td><td rowspan="3">进气</td></tr>
<tr><td>60~120</td><td rowspan="3">压缩</td><td rowspan="3">排气</td></tr>
<tr><td>120~180</td><td rowspan="3">进气</td><td rowspan="3">做功</td></tr>
<tr><td rowspan="3">180~360</td><td>180~240</td><td rowspan="3">排气</td><td rowspan="3">压缩</td></tr>
<tr><td>240~300</td><td rowspan="3">做功</td><td rowspan="3">进气</td></tr>
<tr><td>300~360</td><td rowspan="3">压缩</td><td rowspan="3">排气</td></tr>
<tr><td rowspan="3">360~540</td><td>360~420</td><td rowspan="3">进气</td><td rowspan="3">做功</td></tr>
<tr><td>420~480</td><td rowspan="3">排气</td><td rowspan="3">压缩</td></tr>
<tr><td>480~540</td><td rowspan="3">做功</td><td rowspan="3">进气</td></tr>
<tr><td rowspan="3">540~720</td><td>540~600</td><td rowspan="3">压缩</td><td rowspan="3">排气</td></tr>
<tr><td>600~660</td><td rowspan="2">进气</td><td rowspan="2">做功</td></tr>
<tr><td>660~720</td><td></td><td></td></tr>
</table>

图 1-2-4　直列四冲程六缸发动机曲拐布置及工作循环表

（四）曲轴扭转减振器

发动机在工作时，曲轴在周期性变化的转矩作用下，各曲拐之间发生周期性的相对扭转的现象为扭转振动。当发生扭转的变化频率与曲轴扭转的自振频率相同或成整数倍时，就会发生共振。

发生共振时，扭转振幅增大，并使传动机构加速磨损，导致发动机功率下降，甚至会使曲轴断裂。为消减曲轴扭转振动，现代汽车大都在曲轴前端加装扭转减振器（见图 1-2-5）。

图 1-2-5　扭转减振器

汽车发动机常用的减振器类型有橡胶扭转减振器、硅油扭转减振器、硅油-橡胶扭转减振器等。

（五）曲轴的检测

曲轴是发动机中最重要的零件之一，其是否合格直接影响发动机的工作效率和安全。曲轴是否符合要求，主要从曲轴有无裂纹、变形，主轴颈和连杆轴颈的磨损等方面来检测。

具体可通过目视检查的方法来检查曲轴有无裂纹，也可利用渗油敲击法或金属探伤来检测；配合使用 V 形架与百分表来检测曲轴有无变形、曲轴轴向窜动量；采用千分尺来测量主轴颈和连杆轴颈的磨损情况等；最后检测曲轴的静平衡和动平衡情况。

二、飞轮

我们都知道，在四冲程发动机中，点火做功行程是将燃料的燃烧膨胀能量转化为机械能，而另外的进气行程、压缩行程、排气行程都是消耗发动机功率的。因此，发动机的转矩是周期性变化的，曲轴转速会不稳定。为了改善这种状况，可在曲轴的后端安装飞轮。

发动机飞轮是转动惯量很大的盘形零件，其主要功用是储存做功行程的能量，用以在其他行程中克服阻力，完成发动机的工作循环；同时使曲轴的旋转角速度和输出转矩尽可能均匀，并提高发动机克服短暂超负荷的能力；此外，将发动机的动力传给离合器，作为离合器的主动件。

为达到上述的目的，在实践中人们尽可能地将飞轮质量分布在飞轮的圆周位置，以便在较小尺寸下达到要求，获得较大的转动惯量。同时，飞轮与曲轴安装后要做静平衡试验和动平衡试验，为保证平衡试验完成后曲轴与飞轮的相对位置不改变，通常采用定位销和不等距螺栓（见图 1-2-6）将飞轮固定在曲轴后端。

图 1-2-6 飞轮的不等距螺栓孔

飞轮是一铸铁圆盘，多用灰铸铁制造，用螺栓固定于曲轴后端凸缘或后端面（无凸缘者）上。飞轮外缘一边镶有齿圈，以便发动机启动时，与启动机齿轮啮合，带动曲轴旋转。齿圈与飞轮配合有很大的过盈量，是将齿圈加热后进行镶配的，有些齿圈是用螺钉紧固在飞轮上的。一些发动机的转速传感器信号轮也安装在飞轮上。

【制订计划与实施计划】

根据任务描述及知识储备相关内容进行实施计划的制订和决策，并在实施过程中完成学生工作手册相关内容的填写，具体实施计划可通过扫描二维码参照执行。

项目一任务二

【知识链接】

螺旋测微器又称外径千分尺，简称为千分尺，是比游标卡尺更精密的长度测量仪器，精确度为 0. 01 mm。其结构如图 1-2-7 所示，由固定的尺身、固定测砧、测微螺杆、固定套管、微分筒、微调旋钮、锁紧装置等组成。

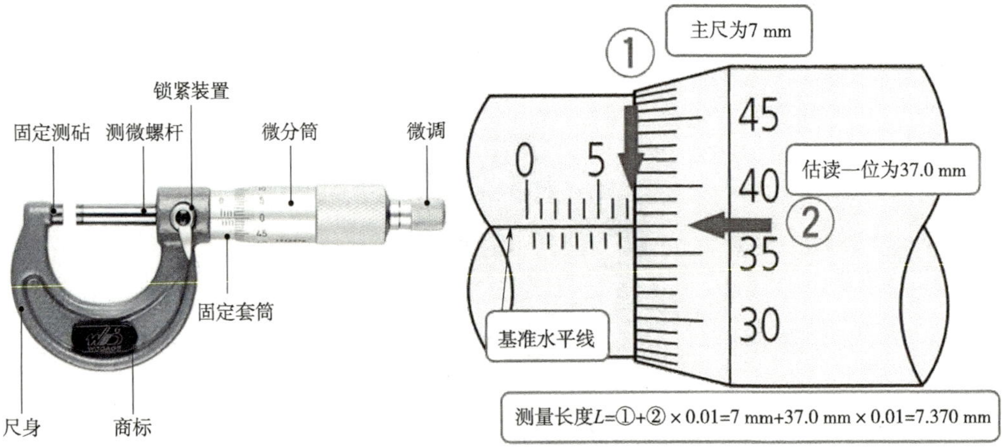

图 1-2-7　螺旋测微器结构及读数示例

一、千分尺原理

固定套筒上有一条基准水平线，这条基准线上、下各有一列间距为 1 mm 的刻度线，下面的刻度线恰好在上面两相邻刻度线中间。微分筒上的刻度线是将圆周分为 50 等分的水平线，它是旋转运动的，当微分筒旋转一周时，测微螺杆前进或后退一个螺距——0. 5 mm。因此，在微分筒旋转一个分度后，它转过了 1/50 周，此时螺杆沿轴线移动了 1/50×0. 5 mm＝0. 01 mm，所以千分尺可以读出 0. 01 mm 的数值。此外，还可根据微分筒上刻度与固定套筒上基准水平线的交叉部分估读一位，最后测量出的是小数点后三位，这就是千分尺名称的由来。

二、千分尺的识读

（1）校准：测试前用软布将测量面擦净，旋转测微螺杆使之与固定测砧并拢（对于大量程的千分尺可安装尺寸为测量下限的标准长度校准量杆），查看主尺（固定套筒）和副尺（微分筒）的零刻度线是否对齐。若未对齐，应根据原始误差修正测量读数或对测微螺杆进行调整。

（2）测量：测量工件时，右手拿住尺身，左手拿待测物体，使待测物体位于测微螺杆和固定测砧之间，旋转粗调旋钮，待测微螺杆靠近被测表面时改用微调旋钮，当测杆和被测物体相接后的压力达到某一数值时，棘轮将滑动并有“咔咔”的响声，此时停止转动旋钮，并用锁紧装置固定。

（3）读数：在主尺（固定套筒）上读取毫米整数（注意 0.5 mm 的短线是否露出），在副尺（微分筒）上读取与主尺基准水平线对齐的格数 n（需估读一位小数）。读出尺寸 L=主尺读数+n×精确度。

三、千分尺使用注意事项

（1）测量前将测微螺杆和固定测砧擦干净，同时也要把工件被测量面擦干净。

（2）测量时，注意在测微螺杆快靠近被测物体时，应停止使用旋钮而改用微调旋钮，避免产生过大的压力，这样既可保证测量结果精确，又能保护螺旋测微器。

（3）在读数时，要注意固定套筒上表示半毫米的刻线是否已经露出。（注意：千分位有一位估读数字，不能随便漏掉，即使固定套筒的零点正好与微分筒刻度的某一刻度线对齐，千分位上也应读取为“0”。）

（4）当固定测砧和测微螺杆并拢时，微分筒的零点与固定套筒的零点不相重合（两零线重合的标志是：微分筒的端面零线与固定套筒的水平横线重合），将出现零误差，应加以修正，即在最后测长度的读数上去掉零误差的数值。

（5）千分尺校准调整方法：松动固定套筒上的小螺丝，用专用扳手调节固定套筒的位置，使两零线对齐，再把小螺丝拧紧。不同厂家生产的千分尺的调零方法不一样，这里是一种常用的调零方法。

（6）使用后将千分尺擦净上油，放入专用盒，置于干燥处。

【任务总结与思考】

一、故障分析与总结

对本次任务实施过程及结果的评价详见学生工作手册相关内容。

根据故障现象，本次任务我们继续对曲轴飞轮组进行拆卸检查。检查曲轴飞轮组时，发现曲轴飞轮组中曲轴被连带而弯曲，且曲轴轴瓦及其他部件有锈蚀、脏污等现象，更换为新的曲轴及相关部件，重新装入轴瓦、曲轴密封圈等，与飞轮一并安装后，故障现象消失，曲轴飞轮组故障被排除。

二、思考题

（1）归纳总结曲轴飞轮组拆卸步骤和检查内容。

（2）在曲轴飞轮组拆卸过程中，有哪些注意事项?

（3）你在曲轴飞轮拆装检查过程中扮演什么角色?你认为自己还有哪些方面需要改进?

【思政园地】

深耕汽修三十载，坚守一线淡泊心——韩晨洪

韩晨洪，先后获得全国交通技术能手、全国五一劳动奖章、杭州市首席技师、浙江省劳动模范、杭州市C类高技能人才、杭州工匠、浙江工匠等一系列荣誉。

韩晨洪于1991年初中毕业后未能进入高中学习，与家人讨论后决定学习一门手艺，是杭州市交通职业高级中学第一批汽车运用与维修专业的学生。

1994年毕业后，韩晨洪选择前往杭州光大轿车维修有限公司实习，并被指派前往上海友谊汽车服务有限公司学习。在上海学习期间，韩晨洪还得到了前往丰田和日产学习的机会，维修技术获得了进一步提升。

在上海实习半年后，韩晨洪再次回到杭州光大轿车维修有限公司，8年后进入杭州园林汽车服务有限公司工作；在杭州园林汽车服务有限公司工作14年后，韩晨洪来到浙江米家汽车销售服务有限公司担任技术总监。丰富的从业经历让韩晨洪积累了很多汽车品牌的维修经验，也不断提升着自己的工作技能。

汽车维修这份工作对于韩晨洪来说已经不仅仅是一份职业，更是一份精神寄托。进入汽车维修行业三十载，日常工作兢兢业业，作为技术总监的他，一直深耕一线，“一线才能接触到实际故障，及时总结才可以在技术上得到提升”，这是他对自己这份工作的态度。

韩晨洪积极发挥自身优势，为汽车维修行业赋能。2019 年，杭州市教育局授予成立“韩晨洪大师工作室”，同年杭州市江干区人力资源社会保障局和杭州市人力资源社会保障局授予成立“韩晨洪汽车维修技能大师工作室”。韩晨洪在自己带学徒时，会将自己懂得的技术全部教授给学徒。“带学徒是一个互相学习的过程，经常会有学徒问一些我也不是特别了解的问题，我就会自己先学习，等学会了再教给他们。”韩晨洪这样说。对于不同的学徒，韩晨洪还会针对性教学：“有些人动手能力比较差、有些人电路了解相对差一些，每个人的学习能力和学习速度是不一样的，我会给他们推荐不同的资料，先让他们自己学，如果不懂再讨论。”韩晨洪还非常注重动手能力的培养：“汽车维修技术还是要实际动手才能提升的，我更推荐他们在实践中学习，要深入一线，而不能纸上谈兵。”

专人专育的培养方式，让韩晨洪带出的学徒非常优秀，学徒获得了浙江省技术能手、杭州市金牌维修工等荣誉。当问及“韩晨洪汽车维修技能大师工作室”未来发展时，他表示希望能够多开设技术类的培训，给汽车维修行业输送更多的人才。

任务三　活塞连杆组的结构与检修

【任务目标】

知识目标

1. 通过查阅资料，掌握活塞连杆组的作用、结构组成、工作原理
2. 通过查阅资料，掌握活塞连杆组各部件的作用、类型、构造及原理
3. 通过查阅资料，掌握活塞连杆组常见故障及故障产生的原因
4. 理解常用工具和量具的种类、使用及注意事项

能力目标

1. 通过查阅资料，说出活塞连杆组的作用、组成、工作原理
2. 查阅资料，根据车型及维修手册选择合适的活塞、活塞环等部件
3. 查阅资料，根据维修手册要求，制订活塞连杆组检修计划，并写出注意事项
4. 根据制订的维修计划，实施维修任务，完成活塞连杆组的检修
5. 根据查阅的维修资料和对任务的实施，总结归纳活塞连杆组常见的故障

素养目标

1. 全面了解活塞连杆组检修任务的目标、需要完成的作业，在任务实施过程中进行自我管理、做好过程记录、符合 7S 管理规范

2. 积极主动查阅维修手册、汽车发动机构造与维修等相关资料，与组员相互配合、有效沟通，并在规定时间内完成活塞连杆组检修任务所需知识的收集、整理和归纳

3. 完成活塞连杆组检修任务的分配或服从组长安排，与组员相互讨论，采纳其他人员的合理建议并共同完成任务实施计划的制订

4. 在任务实施过程中公平、公正地评价任务实施情况，对不合理、不规范的操作进行客观点评，养成良好的职业道德修养

5. 改正活塞连杆组检修任务实施中出现的不合理、不规范的操作并反复训练，做到精益求精，争做汽车维修行业高技能人才

【任务描述】

沿用上一任务的案例，一辆速腾汽车在高速路上熄火并无法启动，发动机底部出现大量油液，曾发生发动机进水情况。由此，维修技师判断曲轴、活塞连杆组等可能出现变形等，需要对发动机进行拆机检修。在得到车主的同意并签字后，维修人员对该车发动机进行拆机检修，发现活塞连杆组有较多变形损坏的部件。

如果你是维修人员，需要对活塞连杆组的哪些部件进行测量？应如何维修？如果你是维修技师，会如何处理？我们通过本次任务来学习相关技能。

【知识储备】

活塞连杆组是汽车发动机的重要组成部分。其作用是将活塞的往复运动转变为曲轴的旋转运动，并对外输出转矩。活塞连杆组主要由活塞、活塞环、活塞销、连杆、连杆轴瓦等组成，如图 1-3-1 所示。

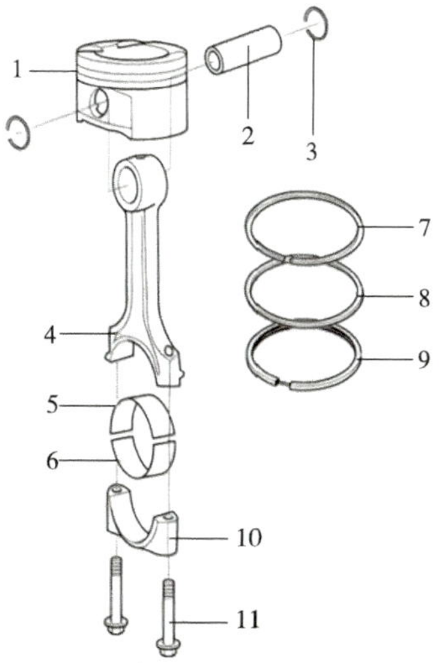

1-活塞　2-活塞销　3-活塞销卡环　4-连杆　5-连杆上轴瓦　6-连杆下轴瓦
7-第一道气环　8-第二道气环　9-组合油环　10-连杆轴承盖　11-连杆轴承盖螺栓

图 1-3-1　活塞连杆组的组成

一、活塞

（一）功用及工作环境

活塞主要功用是承受燃烧气体压力，并通过活塞销和连杆驱使曲轴旋转。同时，活塞顶部与气缸壁、气缸盖等共同构成燃烧室。

活塞是发动机中工作条件最严酷的零件。活塞直接与高温燃烧气体接触，瞬时温度可达 2 500 K 以上，且散热条件差，温度分布很不均匀；活塞顶部承受高压气体，特别是做功行程压力最大，汽油机高达 3~5 MPa，柴油机高达 6~9 MPa，在高压下活塞会产生冲击与侧压力；活塞在气缸内以很高的速度（8~12 m/s）往复运动，且速度在不断变化，从而产生很大的惯性力，使活塞承受附加载荷，同时润滑条件差。活塞在这种恶劣的工作条件下，会产生变形并加速磨损，还会受到燃气中化学成分的腐蚀。

（二）对活塞的要求

活塞在上述恶劣的条件下工作，必须具有足够的强度和刚度，质量尽可能小；具有良好的散热条件；热膨胀系数小，使其在各工况下都能有最佳配合间隙。

实践中活塞越来越多采用铝合金，铝合金活塞具有质量小、往复惯性力小、导热性好的优势，与铝合金气缸体结合使用可使活塞与缸体的配合间隙控制到最佳状态。

（三）活塞结构

活塞有顶部、头部、裙部三个组成部分，如图 1-3-2 所示。其中，顶部构成燃烧室，承受气体压力；从顶部到活塞销孔以上之间的部分为活塞头部，用来安装活塞环；剩余部分为裙部，主要起导向、传力作用，并承受侧压力，在销座孔处制有加强筋。

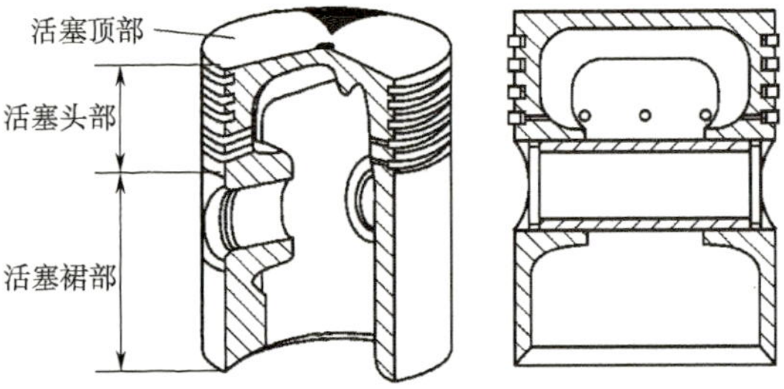

图 1-3-2　活塞的结构

1. 活塞顶部

汽油机活塞顶部的形状与燃烧室形状和压缩比有关，常见的活塞顶部形状有凸顶、凹顶、平顶，如图 1-3-3 所示。其中平顶活塞的结构简单、加工方便、吸热面积小；凸顶活塞多数是为了增大压缩比或增强空气的挤气效果，但顶部受热较大、温度较高；凹顶活塞可以通过凹坑的大小来调节发动机的压缩比，且可以改善燃烧室的形状，但顶部受热量大易形成积炭，加工制造比较困难。

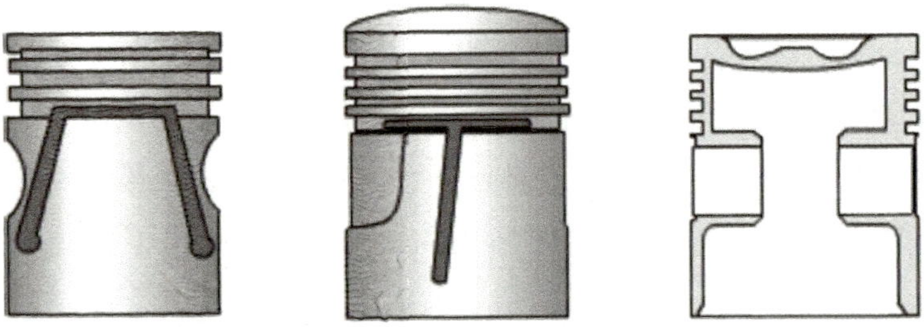

（a）平顶活塞　（b）凸顶活塞　（c）凹顶活塞

图 1-3-3　活塞顶部

柴油机的活塞顶部形状与混合气的形成方式和燃烧室形状有关，柴油机活塞顶部多设计有各种各样的凹坑（见图 1-3-4）。

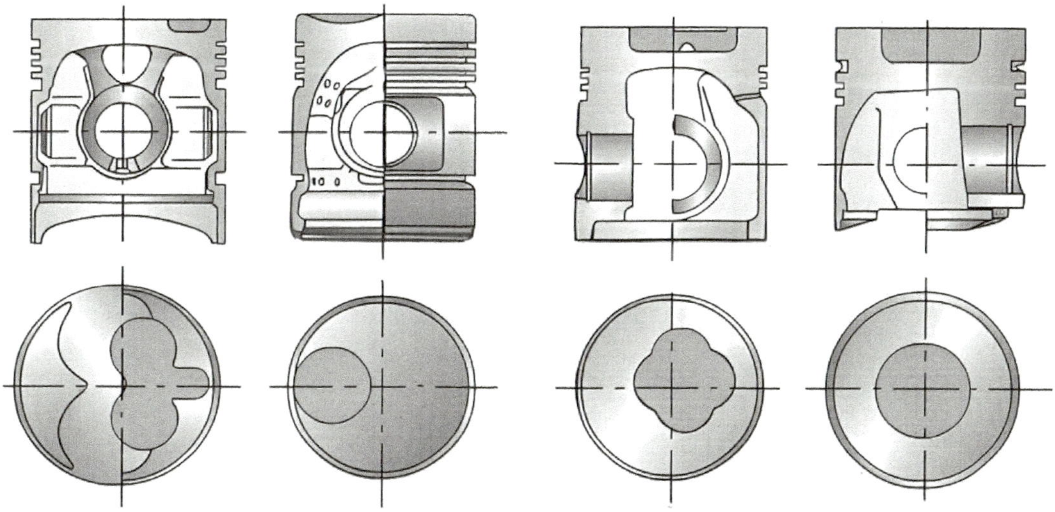

图 1-3-4　柴油机活塞顶部形状

2. 活塞头部

活塞头部的主要作用是安装活塞环、与活塞环一起密封气缸，防止可燃混合气漏到曲轴箱内，将顶部吸收的热量通过活塞环传给气缸壁。同时，在活塞油环槽底还加工有回油孔，可使油环刮下来的机油经回油孔流回油底壳（见图 1-3-5）。

图 1-3-5　活塞回油孔

燃烧室工作时会产生大量的热量，为便于热量从活塞顶部经活塞环传给气缸壁，使活塞顶部不至于温度过高，应使活塞顶部到环槽区的断面变化尽可能圆滑，过渡圆角 R 越大，热流阻力越小。

在第一道气环槽上方设置一道较窄的隔热槽是为了隔断由活塞顶传向第一道活塞环的热量，使部分热量由第二、第三道气环传出，从而减轻第一道活塞环的热负荷，改善其工作环境，防止活塞环黏结，如图 1-3-6 所示。

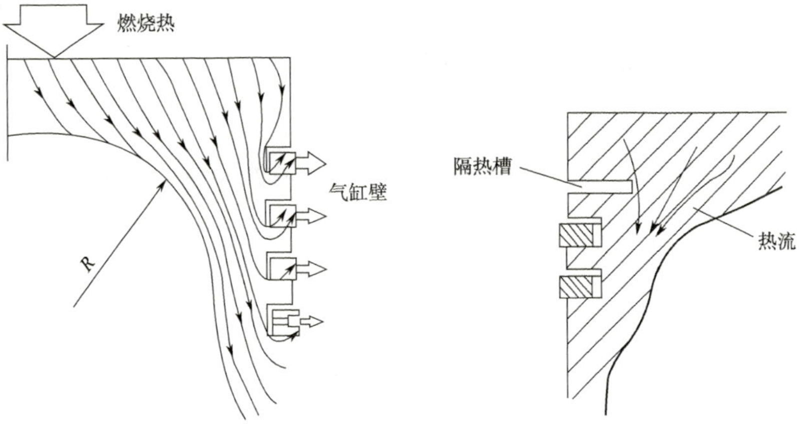

图 1-3-6　活塞头部热量传递路径

3. 活塞裙部

活塞裙部对活塞在气缸内的往复运动起导向作用，并承受侧压力，如图 1-3-7 所示。裙部的长短取决于侧压力的大小和活塞直径。

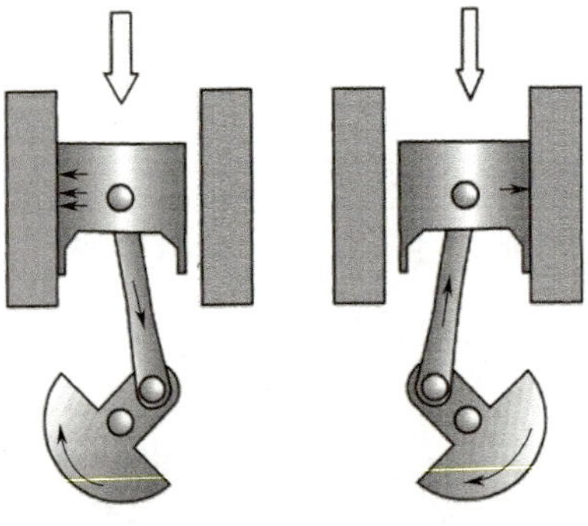

（a）做功行程　　（b）压缩行程

图 1-3-7　活塞裙部侧压力

所谓侧压力，是指在压缩行程和做功行程中，作用在活塞顶部的气体压力的水平分力使活塞压向气缸壁。压缩行程和做功行程气体的侧压力方向正好相反，由于燃烧压力大大高于压缩压力，所以，做功行程中的侧压力也大大高于压缩行程中的侧压力。

活塞裙部承受膨胀侧压力的一面称为主推力面，承受压缩侧压力的一面称为次推力面。它们处于与活塞销轴线相垂直的方向上。

在压缩和做功行程中，裙部受侧向力的作用，活塞会在换向时发生“敲缸”现象。为减少这种活塞换向对气缸壁的拍打现象，有的汽油机上活塞销孔中心线是偏离活塞中心线平面的，向做功行程中受主侧压力的一方偏移了 1~2 mm，如图 1-3-8 所示。这种结构可使活塞在从压缩行程到做功行程中较为柔和地从压向气缸的一面过渡到压向气缸的另一面，以减小敲缸的声音。在安装时，这种活塞销偏置的活塞方向不能装反，否则换向敲击力会增大，并使裙部受损。

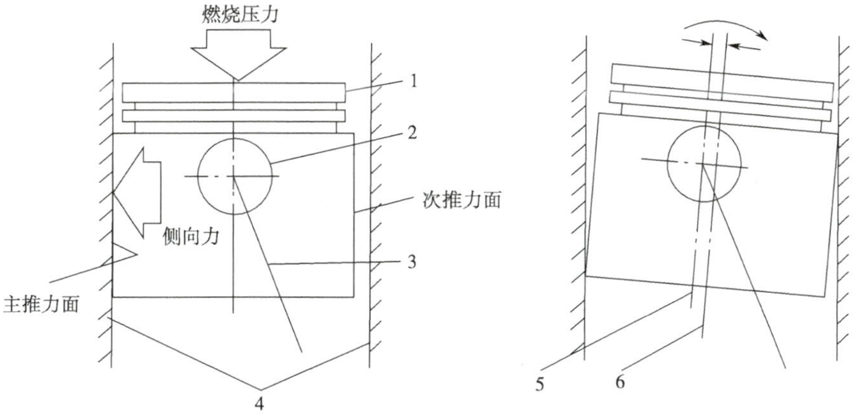

1–活塞　2–活塞销孔　3–连杆　4–气缸壁　5–活塞销孔轴线　6–活塞轴线

图 1–3–8　活塞销偏置对裙部侧压力的影响

发动机工作时，活塞裙部两侧承受气体压力和受热膨胀时会发生机械变形和热变形，且在活塞销孔轴线方向尺寸增大。因此，为使活塞在工作时具有正确的圆柱形与气缸相适应，在制造时应将活塞裙部的断面加工成椭圆形，并使长轴与活塞孔轴线相垂直，现代汽车发动机活塞裙部均为椭圆形，如图 1–3–9 所示。

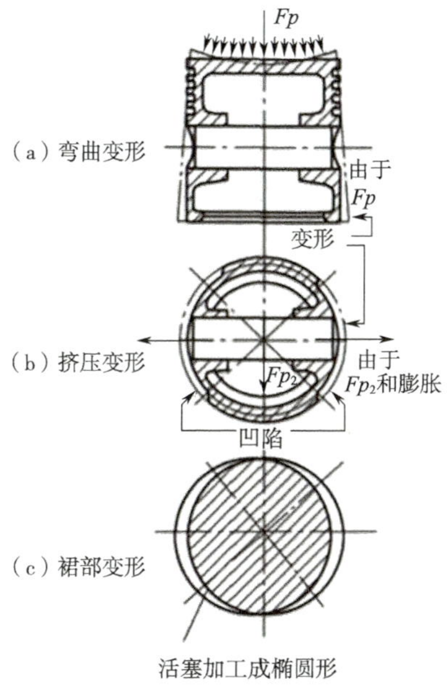

图 1–3–9　活塞形状

另外，活塞沿高度方向的温度也很不均匀，活塞的温度是上高下低，膨胀量也相应是上大下小。为了使工作时活塞上下直径趋于相等，即为圆柱形，就必须预先把活塞制成上小下大的圆锥形或桶形。

为了减小活塞裙部的受热量，通常在裙部开横向的隔热槽。为了补偿裙部受热后的变形量，裙部开有纵向的膨胀槽。槽的形状有“T”形或“Π”形，如图 1-3-3 所示。横槽一般开在最下一道环槽的下面，裙部上边缘销座的两侧（也有开在油环槽之中的），以减少头部热量向裙部传递，故称为隔热槽。竖槽会使裙部具有一定的弹性，从而使活塞装配时与气缸间具有尽可能小的间隙，而在热态时又具有补偿作用，不致造成活塞在气缸中卡死，故将竖槽称为膨胀槽。裙部开竖槽后，会使其开槽一侧的刚度变小，在装配时应使其位于做功行程中承受侧压力较小的一侧。柴油机活塞受力大，裙部一般不开槽。

为了减小铝合金活塞裙部的热膨胀量，有些汽油机活塞在活塞裙部或销座内嵌入钢片。恒范钢片式活塞使用含镍 33%~36%的低碳铁镍合金，其膨胀系数仅为铝合金的 1/10，销座通过恒范钢片与裙部相连，抑制了裙部的热膨胀变形量。

有些活塞为了减轻重量，在裙部开孔或把裙部不受侧压力的两边切去一部分，以减小惯性力，减小销座附近的热变形量，形成拖板式活塞或短活塞。拖板式结构裙部弹性好，质量小，活塞与气缸的配合间隙较小，适用于高速发动机，如图 1-3-10 所示。

图 1-3-10　拖板式活塞

4. 活塞的冷却

为减轻活塞顶部和头部的热负荷，常采用机油冷却活塞（见图 1-3-11），其主要方法有：

（1）自由喷射冷却法：从连杆小头上的喷油孔或从安装在机体上的喷油嘴向活塞顶内壁喷射机油。

（2）振荡冷却法：从连杆小头上的喷油孔将机油喷入活塞内壁的环形油槽中，由于活塞的运动使机油在槽中产生振荡而冷却活塞。

（3）强制冷却法：在活塞头部铸出冷却油道或铸入冷却油管，使机油在其中强制流动以冷却活塞。

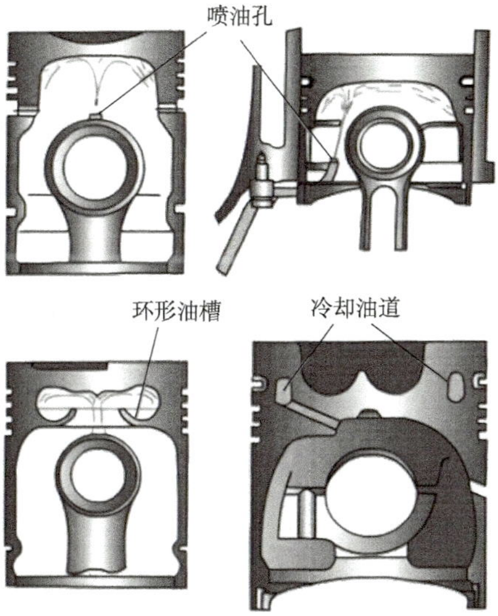

图 1-3-11 活塞的冷却

二、活塞环

活塞环工作时，受到气缸中高温、高压燃气的作用，并在润滑不良的条件下在气缸内高速滑动。因此，制造活塞环的材料应具有良好的耐磨性、导热性、耐热性、冲击韧性、弹性和足够的机械强度。

活塞环是中间断开的弹性金属环，按功能不同可分为气环和油环两种，如图 1-3-12 所示。气环的主要作用是密封和传热。油环的主要作用是刮除飞溅到气缸壁上多余的机油，并将机油均匀涂抹到气缸壁上，防止机油窜入燃烧室，也起到润滑效果。

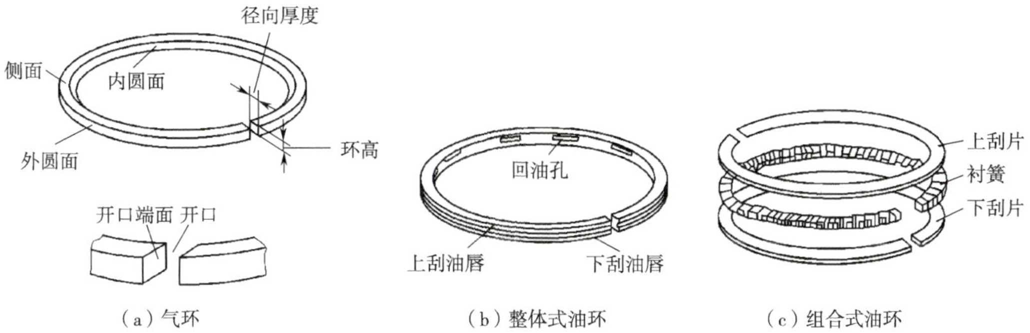

图 1-3-12 活塞环

(一) 气环

气环装入气缸后，在自身弹性作用下，气环的外圆面与气缸壁紧密贴合而形成密封面，使气缸内的高压气体不能通过。高压气体可进入活塞环的侧隙和径向间隙中，进入侧隙的高压气体使活塞环的上侧面或下侧面与环槽的上侧面或下侧面压紧贴合形成密封面，高压气体不能通过；进入径向间隙的高压气体会使活塞环的外圆与气缸壁更紧密地贴合而不漏气，如图 1-3-13 所示。如此一来，漏气的通道就只有活塞环开口处。

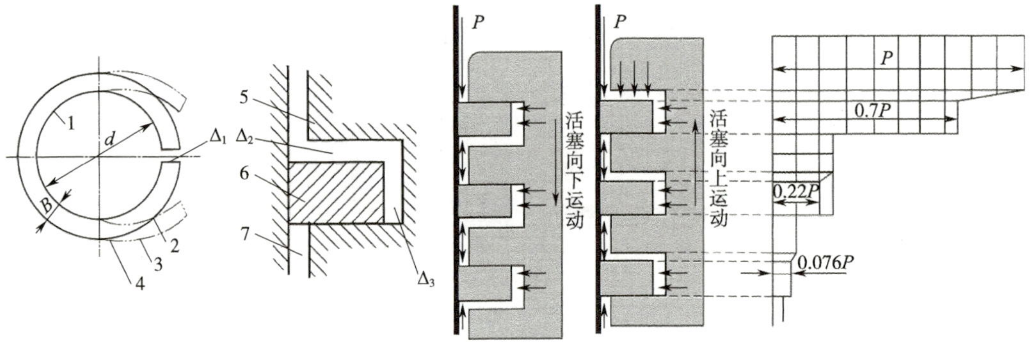

1-活塞环内表面　2-活塞环工作状态的形状　3-活塞环自由状态时的形状
4-活塞环工作面　5-活塞　6-活塞环　7-气缸
Δ_1-活塞环端隙　Δ_2-活塞环侧隙　Δ_3-活塞环径向间隙

图 1-3-13　活塞环三隙及气环密封原理

由于活塞环的侧隙、径向间隙、端隙（常称为活塞环三隙）较小，漏气的流动阻力增大，在实际装配中，再相互错开气环的开口位置，可使漏气的流动阻力进一步增大，最终达到理想的密封效果。

气环开口形状和断面形状对气环气密性也有一定影响。常见的气环开口形状有直开口、阶梯开口、斜开口三种，如图 1-3-14 所示。气环常见的断面形状有矩形环、锥形环、扭曲环、梯形环、桶面环等，如图 1-3-15 所示。根据发动机的特点和强化程度，选择适当的气环组合，可使密封效果和使用性能达到最佳。

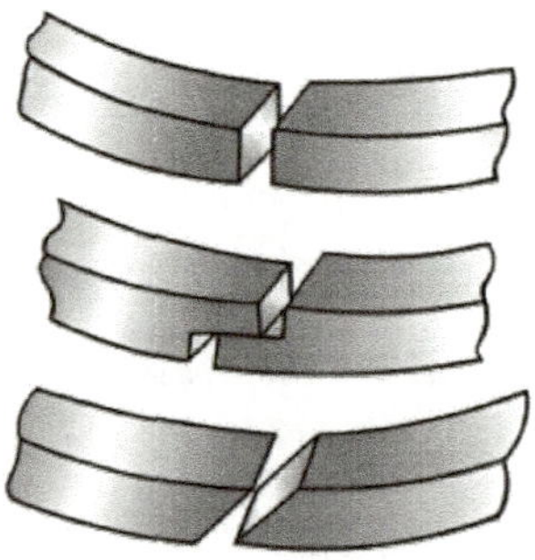

图 1-3-14　活塞环开口形状

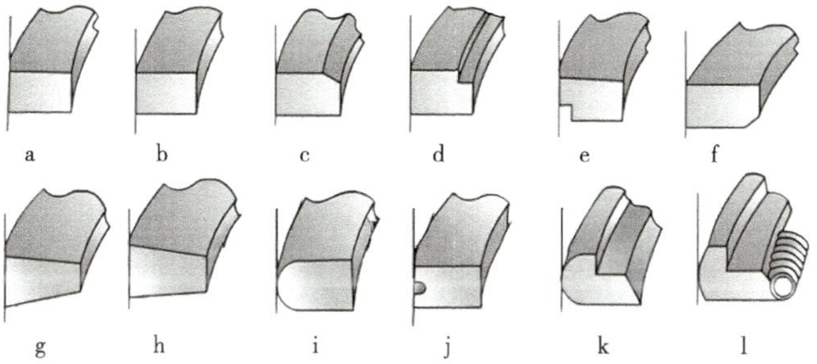

a–矩形环　b–锥形环　c、d–上侧面内切正扭曲环　e–下侧面外切正扭曲环
f–下侧面内切反扭曲环　g–梯形环　h–楔形环　i–桶面环　j–开槽环　k、l–顶岸环

图 1-3-15　气环的断面形状

矩形环结构简单，制造方便，且与缸壁接触面积大，有利于活塞头部的散热；但磨合性差，且与活塞一起运动时，在环槽内上下窜动，会把气缸壁上的机油不断挤入燃烧室，这种现象称为泵油现象，如图 1-3-16 所示。泵油现象可使机油消耗增大，同时使燃烧室产生过多积碳。

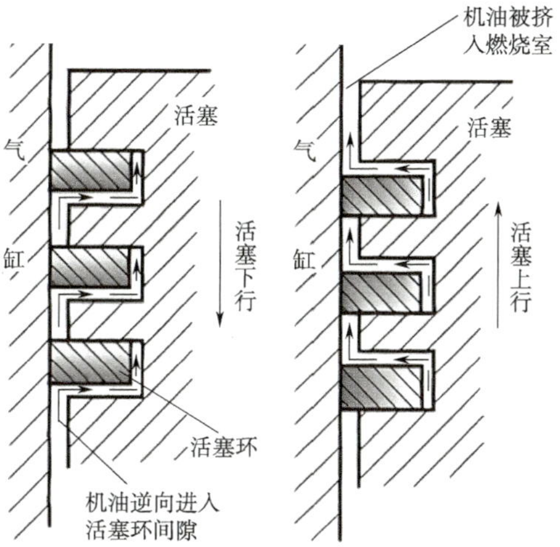

图 1-3-16　矩形环泵油现象

锥形环锥角一般为 30°~60°，这种活塞环只能按标记方向安装。由于它与缸壁是线接触，单位面积上的压力大，有利于密封和磨合。随磨合里程的增加，接触面积也逐渐增大，最后便成为普通的矩形环。另外，这种环在活塞下行时有刮油作用，上行时有布油作用，并可形成楔形油膜而改善润滑。锥形环传热性差，常装到第二、三道环槽上，由于锥角很小不易识别，为避免装错，在环端上侧面标有记号（向上或 TOP 等）。

扭曲环是将矩形环内圆上方或外圆下方切成台阶或倒角，为了减少开口处的漏气量，外圆下方切口的环在离开口 3 ~ 5 mm 内仍保持原矩形断面。其工作特点与锥形环类似（见图 1-3-17）。

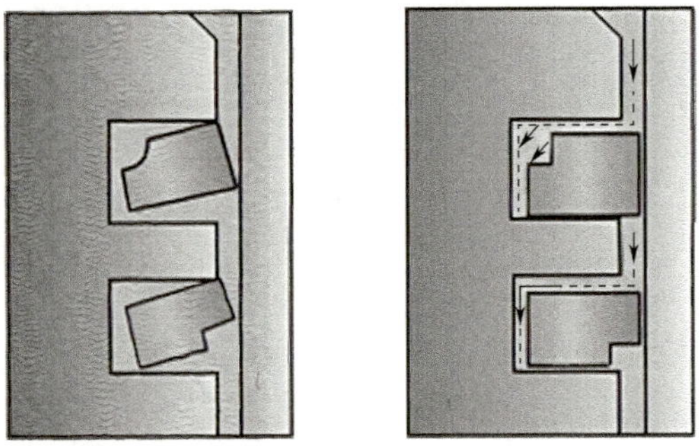

（a）进气、压缩、排气行程　（b）做功行程

图 1-3-17　扭曲环的工作示意图

某些热负荷较大的柴油机使用梯形环，第一道环容易因结胶而在环槽内失去作用，因而采用梯形环。梯形环抗黏结性好。桶面环的外圆面为凸圆弧形，其优点是当桶面环上下运动时，均能与气缸形成楔形空间，使润滑油容易进入摩擦面，从而使磨损大为减轻。

（二）油环

油环有槽孔式、槽孔撑簧式和钢带组合式三种类型，如图 1-3-18 所示。无论活塞上行还是下行，油环都能将气缸壁上多余的润滑油刮下来，经活塞上的回油孔流回油底壳。目前汽车发动机采用的油环有整体式和组合式两种。

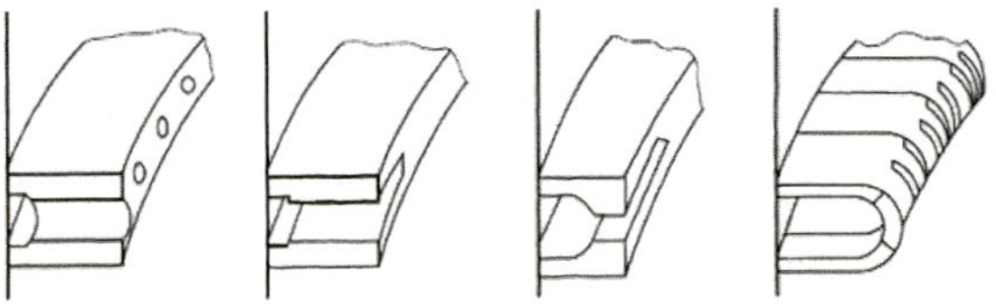

（a）槽孔式油环

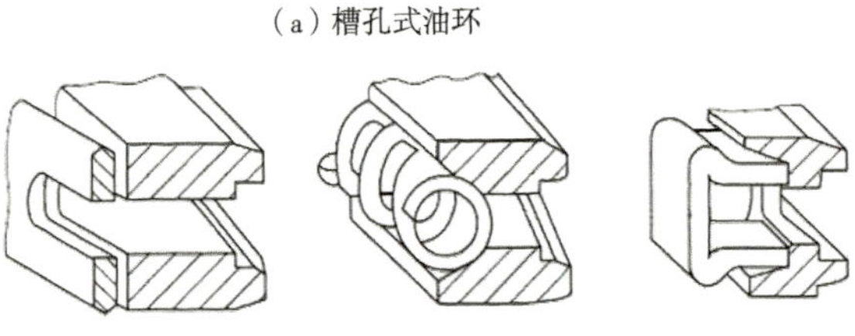

（b）槽孔撑簧式油环

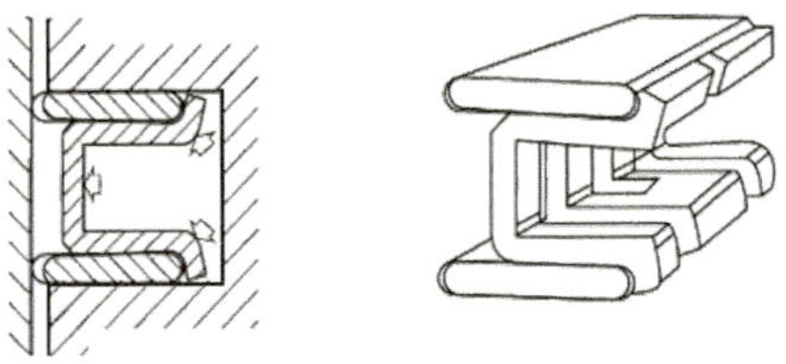

（b）钢带组合式油环

图 1-3-18　油环断面

整体式油环为了增加刮油效果，在其外圆上切有环形槽，槽底开有若干回油用的

小孔或窄槽。不少发动机将油环减薄，在其背后加装弹性衬簧。这样既保证了与缸壁的压力又有较好的弹性，改善了油环与缸壁贴合的适应性，此外也显著减小了因环面磨损而使弹力下降的影响，从而延长了油环的使用寿命。

组合式油环由起刮油作用的钢片（也叫刮油片）和产生径向、轴向弹力作用的衬簧组成。汽油机组合式油环由两个钢片和一个兼起径向、轴向弹力作用的衬簧组成。这种衬簧之所以能产生轴向弹力，是因为自由状态时衬簧和两个钢片的总厚度大于环槽的高度。组合式油环的钢片表面都是镀铬的，否则易产生黏附磨损。

三、活塞销

活塞销用来连接活塞和连杆，并将活塞承受的力传给连杆或相反。活塞销在高温条件下承受很大的周期性冲击负荷，且由于活塞销在销孔内摆动角度不大，难以形成润滑油膜，因此润滑条件较差。为此，活塞销必须有足够的刚度、强度和耐磨性，同时质量尽可能小，销与销孔应该有适当的配合间隙和良好的表面质量。

活塞销的结构较简单，为内孔圆柱形、两段截锥形或组合式等形式的圆柱销，如图 1-3-19 所示。圆柱形孔易加工，但活塞销的质量较大。采用两段截锥形孔的活塞销质量较小，且承受弯矩最大部位在中间，所以接近于等强度梁，但锥孔的加工较复杂。

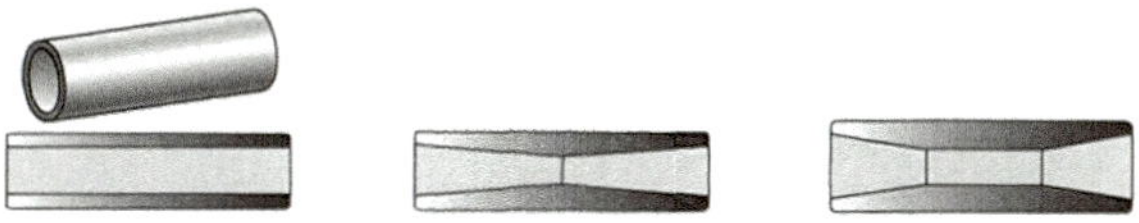
（a）圆柱形内孔　（b）截锥形内孔　（c）组合形内孔

图 1-3-19　活塞销的结构

四、连杆

连杆的作用是将活塞承受的气体压力传给曲轴，并将活塞的往复直线运动转变为曲轴的旋转运动，承受压缩、拉伸、弯曲等交变载荷。连杆主要由连杆体、连杆盖、连杆轴瓦和连杆螺栓等部分组成，其中连杆体又可分为连杆小头、杆身和连杆大头三部分，如图 1-3-20 所示。连杆体和连杆盖用优质中碳钢或中碳合金钢制成。

连杆小头用来安装活塞销，以连接活塞。活塞销与连杆小头的连接方式一般有两种，即全浮式和半浮式，如图 1-3-21 所示。活塞销为全浮式连接的连杆小头孔内，压有青铜衬套或铁基粉末冶金衬套。为了润滑活塞销和衬套，在小头和衬套上设有集油孔或铣出集油槽来收集发动机运转时飞溅上来的润滑油，以便润滑。有的发动机连杆小头采用压力润滑，在连杆体内开有纵向的压力油道。

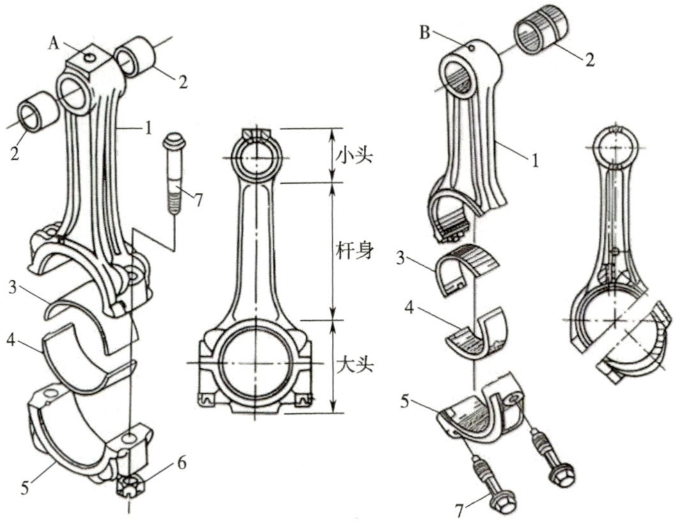

1-连杆　2-连杆衬套　3、4-连杆轴瓦　5-连杆轴承盖
6-连杆螺母　7-连杆螺栓　A-集油孔　B-喷油孔

图 1-3-20　连杆组件

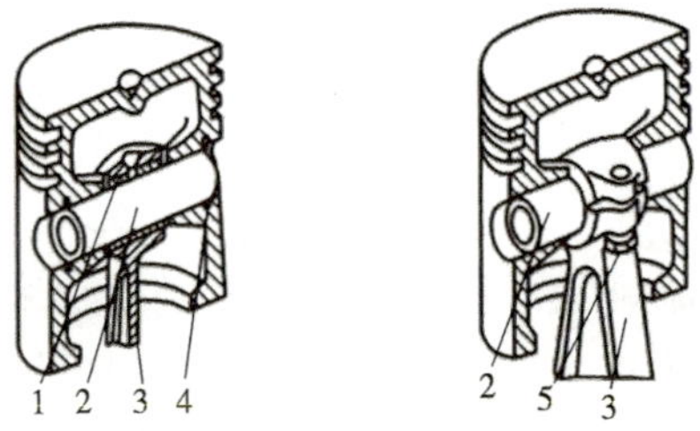

（a）全浮式　　（b）半浮式

1-连杆衬套　2-活塞销　3-连杆　4-卡环　5-连杆螺栓

图 1-3-21　活塞销的连接

全浮式连接在发动机正常工作温度时，活塞销能在连杆衬套和活塞销座孔中自由转动，可使活塞销均匀磨损，所以被广泛使用。但活塞销会发生轴向窜动，故多在销座孔内装活塞销挡圈。

半浮式连接就是活塞销与活塞销座孔和连杆小头两处，一处固定，另一处浮动，可采用连杆螺栓连接或过盈配合连接。其中大多采用活塞销与连杆小头固定的方式，即加热连杆小头后，将活塞销装入，为过盈配合连接，这种连接方式活塞销座孔内无卡簧，连杆小头处无衬套，省去了衬套的修理，半浮式连接减小了往复运动件的质量，适用于轻型高速发动机。

连杆体通常做成“工”字形断面，如图 1-3-22 所示，以求在强度和刚度足够的前提下减小质量。连杆大头是与曲轴的连杆轴颈相连的。为了便于安装，大头一般做成分开式结构，一半为连杆体大头，另一半为连杆大头盖，二者一般用螺栓连接。连杆盖与连杆大头是组合后镗孔，为防止装配错误，在同侧刻有记号。

图 1-3-22　连杆体断面

连杆大头剖分面方向有平切口和斜切口两种形式。平切口连杆的剖分面垂直于连杆轴线。一般汽油机连杆大头尺寸都小于气缸直径，故多采用平切口形式。斜切口连杆一般用于柴油机，因为发动机连杆大头直径较大，为了拆装时能从气缸内通过，故采用这种形式。另外，斜切口再配以较好的切口定位，可减轻连杆螺栓的受力。连杆大头的装配必须严格定位，以保证内孔的正确形状。

连杆螺栓通常用优质合金钢制成，螺纹精加工和正确拧紧后，不锁止也不会松动，所以不必采用特别的锁止装置。

连杆的变形主要有弯曲变形和扭曲变形。变形严重会导致发动机活塞偏磨、偏缸，引起敲缸、拉缸等故障。连杆的变形可使用连杆检测仪进行检测，检测方法是将连杆轴承孔套装在检验仪的横轴上，转动轴端螺母，使横轴上的定心块向外张，将连杆固定在检验仪上，并观察三点规与检验仪平板的接触情况。因三点规为标准等边三角形。根据三个测点与检验仪平板接触的情况，便可判断连杆有无弯曲或扭曲变形，如图 1-3-23 所示。

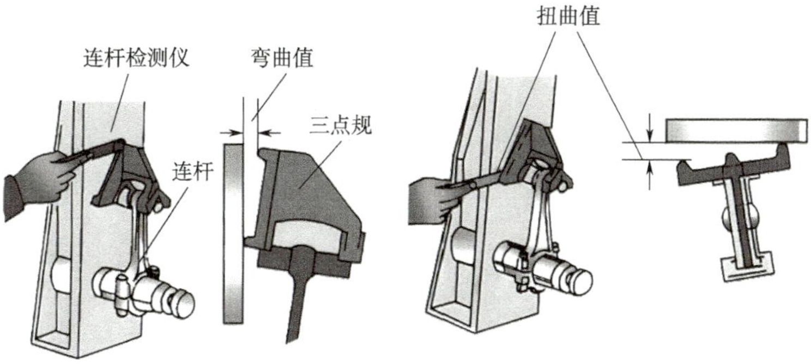

图 1-3-23　连杆变形的测量

检测时，将三点规的 V 形槽靠在芯轴上并将三点规推向检验平板。如果三点规的三个测点都与检验平板接触，则表明连杆杆身无变形。如果上测点与检验平板接触，两个下测点与检验平板不接触且与检验平板之间的间隙一致；或者两个下测点与检验平板接触，而上测点与检验平板不接触，则表明连杆杆身弯曲。使用厚薄规测量出测点与平板之间的间隙，此间隙即为连杆杆身的弯曲度。

如果只有一个下测点与检验平板接触，另一个下测点与检验平板不接触，且间隙为上测点与检验平板之间间隙的两倍，则表明连杆杆身扭曲，此时下测点与检验平板之间的间隙即为连杆杆身的扭曲变形程度。

注意：在弯曲变形和扭曲变形测量中，应记下连杆的测量朝向。当连杆既有弯变形也有扭曲变形时，应先校正扭曲变形，再校正弯曲变形。

【制订计划与实施计划】

根据任务描述及知识储备相关内容进行实施计划的制订和决策，并在实施过程中完成学生工作手册相关内容的填写，具体实施计划可通过扫描二维码参照执行。

项目一任务三

【知识链接】

一、内径百分表简介

内径百分表是一种用于测量孔径的比较工具。在发动机拆装与检修中主要用来测量气缸和轴承座孔的圆度、圆柱度或零件的磨损情况，也可以用来测量工件上孔的尺寸精度和形状精度。

如图 1-3-24 所示，内径百分表上部是百分表，下部是量杆装置，上部和下部通过杠杆传动系统实现联动。测量时，被测孔的尺寸偏差借活动测头的位移，通过直管内部杠杆和传动杆传递给百分表。因传动系统的传动比为 1，因此活动测头所移动的距离与百分表的指示值相等。为了测量不同直径的气缸，备有长短不同的可换测量接杆，并在各接杆上标有测量范围，以便于选用。

通过图 1-3-24 可看出，百分表大表盘为 100 个刻度，大指针在大表盘上转动一格为 0.01 mm，转动一圈为 1 mm，对应小指针转动一格为 1 mm。

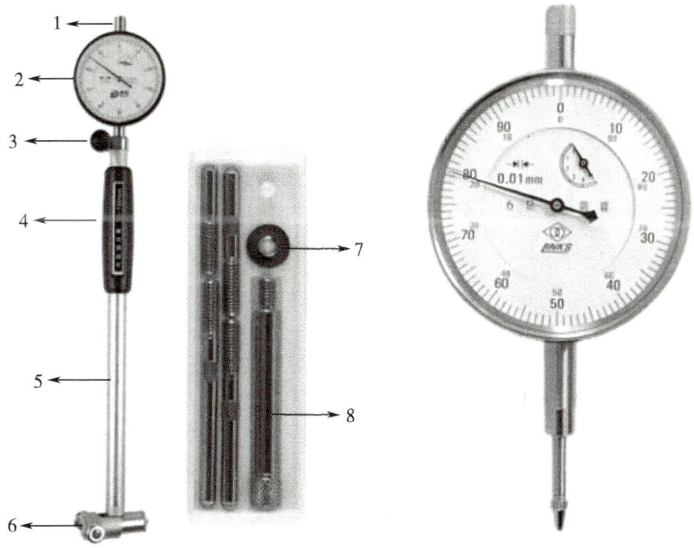

1–防尘帽　2–百分表表头　3–锁紧螺母　4–隔热手柄
5–直管　6–活动测头　7–锁紧垫片　8–可换测量接杆

图 1–3–24　内径百分表及百分表表头

大表盘上的刻度值为两圈，顺时针为黑色字体表示，逆时针为红色字体表示，这主要是方便识读。读测量数值时，根据实际情况选择顺时针读取刻度值还是逆时针读取刻度值。

二、内径百分表的使用

下面以测量气缸内径为例，介绍内径百分表的组装与识读：

（1）准备工作：检查、清洁内径百分表；清洁被测气缸体。

（2）确定气缸直径的标定值：

①先用游标卡尺初步测量气缸直径（可多测量几次，求取平均值，得到更精确的测量结果），作为测量气缸直径的标定值；

②使用千分尺调出标定值备用。

（3）内径百分表的安装及校准：

①先安装百分表，并压缩 1~2 mm。

②再根据卡尺测量结果选取长度合适的可换测量接杆并安装测量接杆，安装时先不拧紧锁紧螺母。

③使用千分尺调出的标定值来标定内径百分表测量接杆，此时要使活动测头有 2 mm 左右的压缩量，以保证在测量过程中内径百分表的活动测头有足够的伸缩量，并拧紧锁紧螺母。

④左右偏摆表杆，保证测量接杆、活动测头与千分尺的测微螺杆在同一直线上，最后转动表盘，使大指针指向“0”刻度，并记准小指针的位置，以方便读数。校表完成。

（4）测量方法：

①使用内径百分表，一只手拿住隔热套，另一只手托住管子下部靠近本体的地方。

②测量时，应使内径百分表的活动测杆同气缸轴线（或其他孔类测量件轴线）保持垂直，这样才能测量准确。当左右摆动内径百分表时，观察大指针顺时针转动的折返点，该折返点即表示活动测杆已垂直于气缸轴线。

（5）识读内径百分表时常见的几种注意事项：

①读数时要平视百分表，且需估读一位。

②测量缸径的时候，小指针小于校表时的指示位置，应逆时针读取刻度盘数值，并与标定值相加。

③小指针大于校表时的指示位置，应顺时针读取刻度盘数值，并与标定值相减。

④小指针位置与校表时的指示位置相比好像没有改变，说明实际尺寸相对标定值变化很小，应读取小值。若逆时针读取，应加上标定值；若顺时针读取，应减去标定值。

⑤若测量时，小针移动超过一格，则在实际读数中应进行相应格数的加减计算。

三、内径百分表使用注意事项

（1）默认缸径越变越大，读表时总是逆时针读大指针，并将结果加上标定值。实际上，由于各种因素的影响，缸径也会出现小于校表时所取标定值的情况，而出现读表和计算错误。

（2）不看小指针的变化，只看大指针在 0 刻度的左侧还是右侧来读数，左侧的读数与校表标定值相加，右侧读数与校表标定值相减，从而导致的读数错误。

（3）加长杆选择过长，导致内径百分表卡在缸内不能测量；或过短，导致活动测头根本不能与气缸壁接触而无法测量。

（4）有些维修人员不用千分尺标定内径百分表基准值，而利用气缸上部的未磨损部位作为内径百分表的标定值，这样不能测量气缸实际直径值，不能判断气缸是否达到极限修理尺寸。

（5）缸径标定值选择过大或过小，与实际的缸径相差超过 1 mm，导致百分表大指针从标定位置转动超过 1 圈以上，又不注意观察小指针的变化幅度，从而出现读数错误。

（6）使用内径百分表前不检查，即活动测头伸缩量（应为 2～3 mm）不足时仍然使用，导致测量失败。

【任务总结与思考】

一、故障分析与总结

对本次任务实施过程及结果的评价详见工作手册相关内容。

根据故障现象，通过前面两个任务的实施，机体组和曲轴飞轮组的故障已基本排除，本次任务继续对发动机活塞连杆组进行拆卸检查。发现第三缸活塞连杆组连杆发生断裂损坏，其他各缸连杆组件有不同程度弯曲变形和轻微扭曲，并有大量锈蚀现象，连杆轴瓦等有拉伤现象。维修人员对各部分进行维修或更换为新的组件并安装后，活塞连杆组相关故障及故障现象消失，活塞连杆组故障被排除。

二、思考题

（1）归纳总结活塞连杆组拆卸步骤和检查内容。

（2）在活塞连杆组拆卸过程中，有哪些注意事项？

（3）在拆卸发动机活塞连杆组过程中，你在小组内扮演什么角色？你认为自己还有哪些方面需要改进？

【思政园地】

中国汽车行业资深专家——陈光祖

陈光祖，中国汽车行业资深专家，老领导、老专家，是中国汽车产业发展的见证者和亲历者，被誉为中国汽车工业泰斗，现任中国汽车工业咨询委员会委员、商务部汽车产业损害预警专家、中汽联高级顾问、中汽联智库专家。

陈光祖先生早年曾在一汽工作，并担任过中国汽车零部件工业公司副总经理、中汽工程咨询公司总经理、美国华鼎汽车技术贸易公司总裁、中国汽车工业咨询发展公司总经理、中国汽车工业咨询委员会秘书长、北京市政府顾问。陈老一直关心和支持中汽联的发展，中汽联成立14年来的重大活动都有陈老的身影，他多次出席会议并做重要发言，勉励中汽联家人争做专精特新企业，推动中国汽车产业高质量发展。

陈老一辈子扎根汽车行业，为汽车工业发展做出了巨大贡献，所获荣誉更是不计其数，在改革开放30周年和40周年均获中国汽车工业杰出人物奖，为新中国成立60周年国家高新科技示范人物，被列入《共和国科技档案》。2018年荣膺“改革开放40年 汽车行业40人”改革先锋人物，2019年荣膺“新中国成立70年汽车服务业70人”

功勋人物，2020 年荣膺“中国汽车行业模范先锋人物”等荣誉称号。

陈光祖先生说：“进入新世纪，国际汽车产业一个重大特点是一个‘变’字，这当然包括中国汽车产业，就是说国际汽车产业正处在一个历史上从未有过的重大变革年代，正引发着新一轮的汽车产业革命。”

项目二　配气机构的检测与维修

配气机构是汽车发动机的重要组成部分，其功用是根据发动机的工作顺序和工作要求，定时开启和关闭各气缸的进、排气门，使新鲜可燃混合气（汽油机）或空气（柴油机）及时进入气缸，废气及时从气缸排出，以此保证发动机的持续运转。随着技术的进步，可变气门正时技术应运而生，该项技术能根据发动机的转速不同而自动调整配气相位，理论上能使发动机在任何转速下都有相匹配的最佳配气相位，从而提高进气效率、发动机功率和扭矩，并降低油耗和污染物排放量。

任务一　气门传动组的结构与检修

【任务目标】

知识目标

1. 通过查阅资料，了解气门传动组各总成部件基本构造、常见类型、作用及工作原理

2. 查阅资料，根据维修手册要求，在规定时间内，对相关零部件进行识记，并说明本次任务的检查内容

3. 说出凸轮轴的作用，以及同名凸轮、异名凸轮的区别和特点

4. 掌握气门间隙的意义及具体调整方法

5. 理解常用工具和量具的种类、使用及注意事项

能力目标

1. 通过查阅资料，对照发动机向组员描述配气机构的作用、类型、组成

2. 自主查阅维修资料，列举出气门传动机构的组成和类型，各总成部件基本构造、功能及其工作原理

3. 分析凸轮轴的结构构成，并说出同名凸轮和异名凸轮的异同

4. 通过查阅资料，进行气门间隙的调整

5. 查阅资料，根据维修手册要求，制订气门传动组检修计划，并写出注意事项

6. 查阅资料，正确使用工量具对气门传动组各部件进行检修

素养目标

1. 全面了解气门传动组检修任务的目标、需要完成的作业，在任务实施过程中进行自我管理、做好过程记录、符合 7S 管理规范

2. 积极主动查阅维修手册、汽车发动机构造与维修等相关资料，与组员相互配合、有效沟通，并在规定时间内完成气门传动组检修任务所需知识的收集、整理和归纳

3. 完成气门传动组检修任务的分配或服从组长安排，与组员相互讨论，采纳其他人员的合理建议并共同完成任务实施计划的制订

4. 能在任务实施过程中公平、公正地评价任务实施情况，对不合理、不规范的操作进行客观点评，养成良好的职业道德修养

5. 改正气门传动组检修任务实施中出现的不合理、不规范的操作并反复训练，做到精益求精，争做汽车维修行业高技能人才

【任务描述】

一辆迈腾轿车出现车辆无法启动故障。将车辆拖到4S店后，维修人员对车辆进行了初步检查：电池因多次启动严重亏电；用故障诊断仪调取车辆故障码，发现无故障码，说明很可能存在机械故障；对该车发动机进行初步拆检，检查气缸压力时发现气缸压力为0 bar；进一步拆检进气管道后，能明显看到气门上积满了积碳，且气门已弯曲。现需要对该车发动机进行拆卸检查。

该车发动机为什么会出现气门弯曲？发动机气缸压力为0 bar是不是和气门弯曲有关？车辆还有没有其他故障呢？要想弄明白这些问题，除了要明白发动机的工作原理，还要进一步了解发动机的配气机构，了解配气机构的作用、工作原理、组成、故障检测与维修。下面我们一起来认识配气机构气门传动组，并学会对气门传动组进行检修。

【知识储备】

配气机构是汽车发动机的重要组成部分（见图2-1-1）。目前，四冲程汽车发动机都采用气门式配气机构，主要由气门组和气门传动组组成。气门组负责开启和关闭进、排气门；气门传动组则是根据发动机的工作顺序和工作要求，按时将动力传递给进、排气门，使新鲜可燃混合气（汽油机）或空气（柴油机）及时进入气缸，废气及时从气缸内排出，以此保证发动机的持续运转。

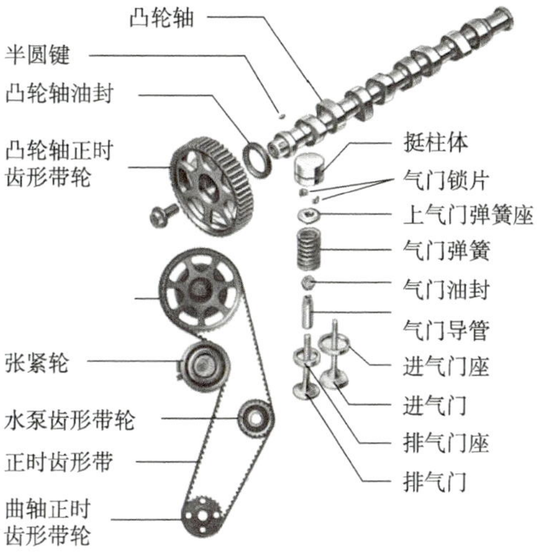

图2-1-1　配气机构的组成

进入气缸内的新鲜气体数量对发动机的性能影响很大。进气量越多，发动机的有效功率和转矩就越大。因此，配气机构首先要保证进气充分，进气量尽可能地多；同时，废气要尽可能地排除干净，以防止废气占用气缸内的空间，从而减少新鲜可燃混合气。其次，配气机构的运动件应该具有较小的质量和较大的刚度，以使配气机构具有良好的动力特性。

一、配气机构的类型

按照配气机构中气门位置、凸轮轴位置、凸轮轴驱动方式、每缸气门数量的不同，配气机构有不同的分类形式。

（一）按气门位置分类

根据气门位置不同分为气门侧置式和气门顶置式，具体形式和特点如表 2-1-1 所示。

表 2-1-1　按气门布置位置类型对比

类型	图片	布置形式	优点	缺点	备注
气门侧置式		将进、排气门都布置在气缸的一侧	结构简单、零件数量少，使用维修方便	燃烧室结构不紧凑，限制了压缩比的提高，进气通道弯曲变多，进气阻力较大，发动机的动力性和高速性较差	已淘汰
气门顶置式		将进、排气门都布置在活塞顶部气缸盖内	燃烧室的结构紧凑，进气阻力小	气门传动零件多，结构比较复杂，使发动机的高度增加	广泛采用

（二）按凸轮轴位置分类

根据凸轮轴位置不同分为凸轮轴下置式、中置式和顶置式，具体形式和特点如表 2-1-2 所示。

表 2-1-2　按凸轮轴布置位置类型对比

<table>
<tr><th colspan="2">类型</th><th>图片</th><th>布置形式</th><th>特点</th><th>备注</th></tr>
<tr><td colspan="2">凸轮轴下置式</td><td></td><td>凸轮轴置于曲轴箱内，凸轮轴平行布置在曲轴的一侧，只用一对正时齿轮驱动</td><td>凸轮轴离曲轴近，可简单地用一对齿轮传动。但零件多，传动链长，结构复杂，整个机构刚度差</td><td>用于低速发动机，如载货汽车和大、中型客车的发动机</td></tr>
<tr><td colspan="2">凸轮轴中置式</td><td></td><td>将凸轮轴置于机体上部，与下置式相比较缩短了推杆</td><td>减轻了配气机构往复运动质量，增大了机构刚度。与凸轮轴下置式相比，只是将推杆缩短一些</td><td>适应于较高转速的发动机</td></tr>
<tr><td rowspan="3">凸轮轴顶置式</td><td>摇臂驱动式</td><td>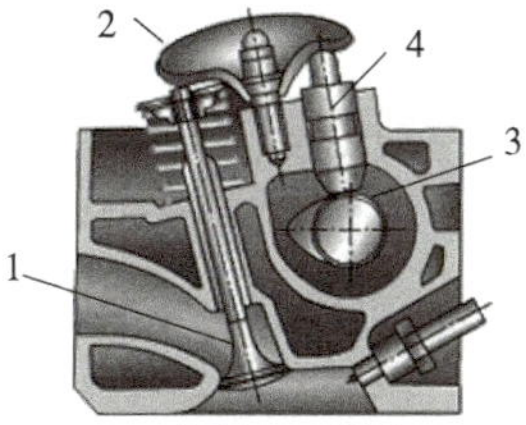
1–气门　2–摇臂
3–凸轮　4–挺柱</td><td>凸轮轴推动液力挺柱，液力挺柱推动摇臂，摇臂再驱动气门；或凸轮轴直接驱动摇臂，摇臂驱动气门</td><td>运动件少，传动链短，整个机构的刚度大</td><td>适用于高速发动机</td></tr>
<tr><td>摆臂驱动式</td><td>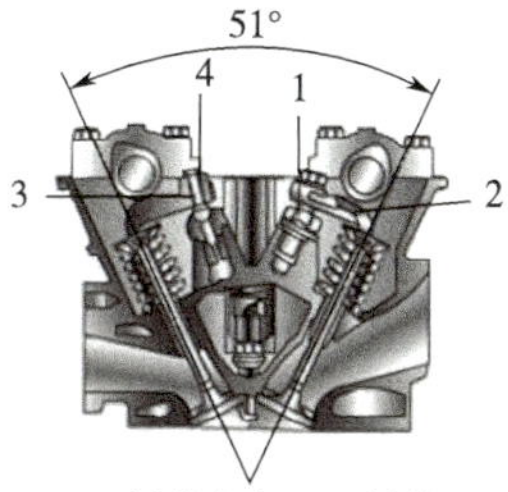
1–摇臂支座　2–摇臂
3–气门间隙调整螺钉
4–锁紧螺母</td><td>凸轮轴直接驱动摆臂，摆臂再驱动气门</td><td>比摇臂驱动式刚度更好</td><td>适用于高速发动机</td></tr>
<tr><td>直接驱动式</td><td>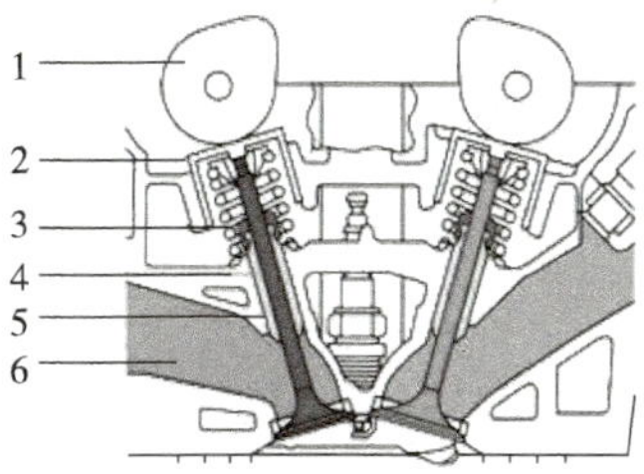
1–凸轮　2–挺柱　3–气门油封
4–气门杆　5–气门导管　6–进气道</td><td>凸轮通过吊杯形机械挺柱或液力挺柱驱动气门</td><td>直接驱动式配气机构的刚度最大，驱动气门的能量损失最小</td><td>适用于高度强化的轿车发动机</td></tr>
</table>

（三）按凸轮轴驱动方式分类

凸轮轴由曲轴驱动，分为齿轮式、链条式、同步带式（如图 2-1-2 所示）。

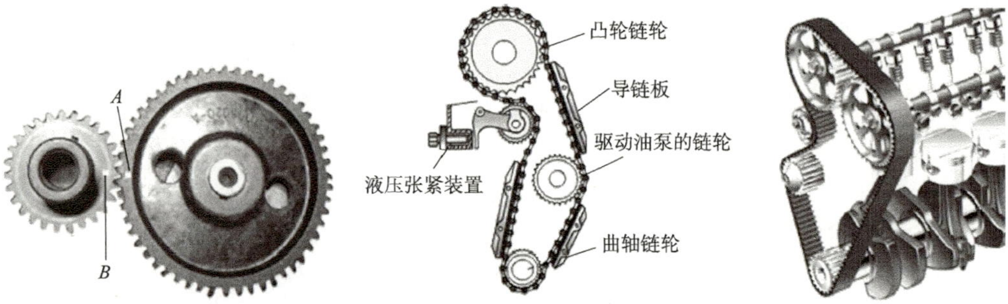

（a）齿轮传动　　（b）链条传动　　（c）同步带传动

图 2-1-2　按凸轮轴的驱动方式分类

齿轮式主要用于下置式和中置式凸轮轴的传动。对于汽油机一般只用一对正时齿轮，即曲轴定时齿轮和凸轮轴正时齿轮。而柴油机需要同时驱动喷油泵，所以增加一个中间齿轮以同时带动喷油泵正时齿轮和凸轮轴正时齿轮。为了保证齿轮啮合平顺，噪声低，磨损小，正时齿轮都是圆柱螺旋齿轮并用不同的材料制造，在传动齿轮上刻有定时记号，在装配时必须对正记号。

链条式主要用于中置式和上置式凸轮轴的传动，特别是顶置式凸轮轴的高速汽油机，由于链条式传动工作可靠，广泛应用于现代轿车发动机。链条一般为滚子链，工作时应保持一定的张紧度，使其不产生振动和噪声。为此，一般在链条传动机构中装有导链板并在链条的松边装置张紧器。

同步带式主要用于上置式凸轮轴的传动。与齿轮式和链传式相比，它具有噪声小、质量轻、成本低、工作可靠和不需要润滑等优点。另外，齿形同步带伸长量小，适合有精确正时要求的传动，因此被广泛应用在汽车发动机上。齿形同步带在使用中不能与水或机油接触，否则容易引起跳齿。为了确保传动可靠，齿形同步带需保持一定的张紧力，为此在齿形同步带传动机构中也设置由张紧轮与张紧弹簧组成的张紧器。

（四）按每缸气门数量分类

一般汽车发动机每个气缸有两个气门，即一个进气门和一个排气门，而现代高性能汽车发动机普遍采用每缸三、四、五个气门，其中四气门发动机数量最多，具体对比见表 2-1-3。

表 2-1-3　每缸气门对比与应用

气门个数类别	进气门	排气门	气门头部直径	应用
两气门	1 个	1 个	进气门>排气门	很少见，在较老的车型中能见到
三气门	2 个	1 个	进气门<排气门	与四气门比火花塞较难布置
四气门	2 个	2 个	进气门>排气门	进、排气充分，发动机的转矩和功率提高；每个气门的质量减轻，运动惯性力减小，有利于提高发动机转速；零件多，成本高
五气门	3 个	2 个	进气门<排气门	明显地增加进气量。但其结构非常复杂，对燃烧不利

二、气门传动组

为保证配气机构的正常运转，需要气门组和气门传动组配合工作。当气门传动组出现问题时，就会出现配气正时问题。

气门传动组一般由凸轮轴、凸轮轴正时齿形带轮、曲轴正时齿形带轮、正时齿形带、张紧轮、挺柱等部件组成。对于链条式气门传动机构而言，则是将带轮替换成链轮，将正时齿形带替换成链条，将张紧轮替换成张紧器，并增加链条张紧轨和链条导轨。

（一）凸轮轴

1. 凸轮轴的工作条件和构造

凸轮轴的作用是驱动和控制发动机各缸气门的开启和关闭，使其符合发动机的工作顺序、配气相位及气门开度的变化规律等要求。气门的运动规律由凸轮的轮廓决定，凸轮和凸轮轴承受周期性的冲击载荷。

凸轮轴（见图 2-1-3）主要由凸轮和凸轮轴轴径组成，凸轮轴通过凸轮轴轴径支承在凸轮轴轴承孔内，凸轮轴轴径数目的多少影响凸轮轴支承刚度，若刚度不足，工作时将发生弯曲变形，这会影响配气定时。凸轮轴轴颈和凸轮工作表面应有较高的尺寸精度、较小的表面粗糙度、足够的刚度、较高的耐磨性和良好的润滑。

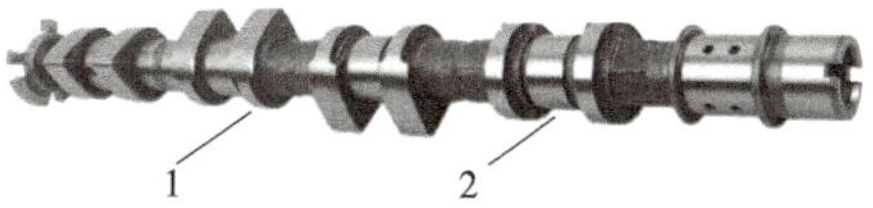

1-凸轮　2-凸轮轴轴径

图 2-1-3　凸轮轴

凸轮轴上各同名凸轮（各进气凸轮或各排气凸轮）的相对角位置与凸轮轴旋转方向、发动机工作顺序及气缸数或做功间隔角有关。如果从发动机风扇端看凸轮轴逆时针方向旋转，则工作顺序为1-3-4-2的四缸发动机其做功间隔角为720°/4=180°曲轴转角，相当于90°凸轮轴转角，即各同名凸轮间的夹角为90°，如图2-1-4（a）所示。对于工作顺序为1-5-3-6-2-4的六缸发动机，其同名凸轮的相对角位置，如图2-1-4（b）所示。

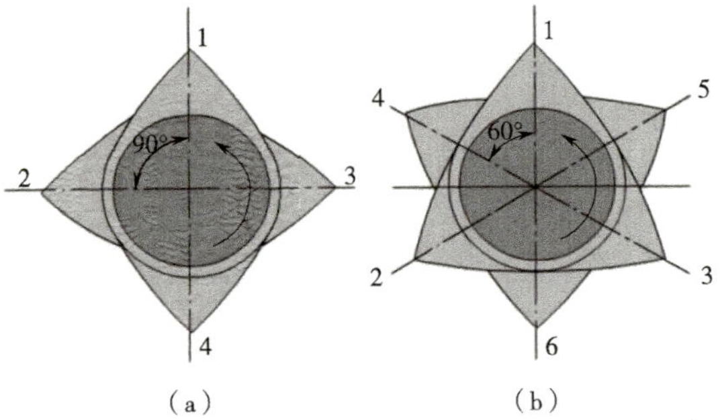

图2-1-4　同名凸轮的相对角位置

同一气缸的进、排气凸轮的相对角位置即异名凸轮相对角位置，取决于配气定时及凸轮轴旋转方向。

2. 凸轮轴轴承

中置式和下置式凸轮轴的轴承一般制成衬套压入整体式轴承座孔内，再加工轴承内孔，使其与凸轮轴轴颈相配合。上置式凸轮轴的轴承多由上、下两片轴瓦对合而成，装入剖分式轴承座孔内。

轴承材料多与主轴承相同，在低碳钢钢背上浇敷减摩合金层。也有的凸轮轴轴承采用粉末冶金衬套或青铜衬套。

3. 凸轮轴轴向定位

为了限制凸轮轴在工作中产生的轴向移动或承受螺旋齿轮在传动时产生的轴向力，凸轮轴需要轴向定位。凸轮轴轴向移动量过大，会影响由螺旋齿轮传动的凸轮轴的配气定时。

（二）挺柱

挺柱是凸轮轴的从动件，其作用是将来自凸轮的运动和作用力传给推杆或气门，同时还承受凸轮所施加的侧向力，并将其传给机体或气缸盖。

挺柱可分为普通机械挺柱和液力挺柱，每一类中又都有筒式挺柱和滚轮挺柱等多种结构形式（见图2-1-5）。

图 2-1-5 不同类型的挺柱

在配气机构中，为防止发动机正常工作时气门及其传动件因受热膨胀，从而使气门关闭不严而漏气，一般会预留气门间隙。若气门间隙预留不合适，配气机构在工作时会产生碰撞和噪声，或者因漏气而使发动机功率下降。为消除这一弊端，现代轿车广泛采用液力挺柱。液力挺柱在发动机正常工作时会依靠机油的压力自动补偿气门与气门传动件之间因温度升高而膨胀或因磨损而缩短的间隙，以实现零气门间隙。因此，装有液力挺柱的配气机构中不需要预留气门间隙。

如图 2-1-6 所示，在挺柱体中装有柱塞，在柱塞上端压入推杆球座。柱塞被柱塞弹簧向上推压，其极限位置由球座上面的卡环限制。柱塞下端的单向阀保持架内装有单向阀和碟形弹簧。发动机润滑系统的机油由进油口进入油腔，并在机油压力的作用下推开单向阀充满单向阀下部高压腔。

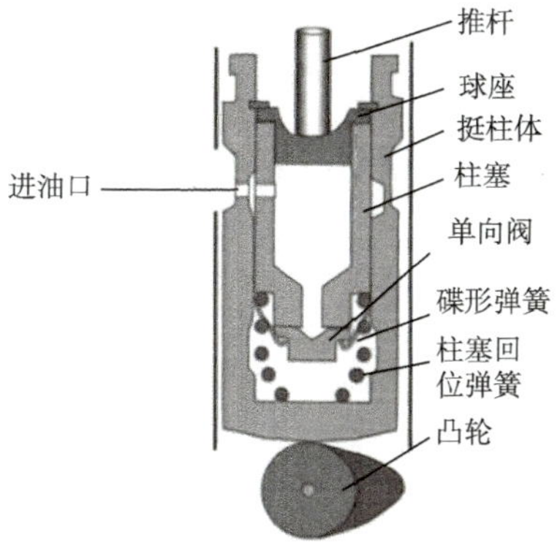

图 2-1-6 液力挺柱

在液力挺柱内始终充满着机油。在工作中会有少量机油从高压腔经挺柱与柱塞之间的间隙泄漏，在气门关闭时将有少量机油从进油口经单向阀进入单向阀下方的高压腔进行补充。

（三）推杆

推杆处于挺柱和摇臂之间，其作用是将挺柱传来的运动和作用力传给摇臂。

推杆常用在下置式凸轮轴配气机构中，一般采用冷拔无缝钢管制造，两端焊接球头和球座。也可采用中碳钢制成实心推杆，这时两端的球头或球座与推杆锻成一个整体。对于机体组采用铝合金制造的发动机，为防止因材料不一致导致膨胀系数不同而引起气门间隙的改变，宜采用锻铝或硬铝制造。

（四）摇臂

摇臂的作用是将推杆和凸轮传来的运动和作用力，改变方向传给气门使其开启。因此要求摇臂应有足够的强度和刚度以及较小的质量。

摇臂是一个双臂杠杆，以摇臂轴为支点，两臂不等长。短臂端加工有螺纹孔，用来拧入气门间隙调整螺钉。长臂端加工成圆弧面，是推动气门的工作面。由于摇臂工作面与气门杆尾端面的接触应力很大，且有相对滑移，通常磨损严重，因此圆弧工作面需在淬火后磨光。为使摇臂在尽可能小的质量下有较大的强度和刚度，一般将摇臂制成“T”字形或“工”字形断面。

三、气门间隙

（一）气门间隙

发动机在正常工作时，理想的状态是配气机构各组成部件之间进行动力传递时无运动间隙。我们都知道发动机正常工作时温度是非常高的，而物体受热膨胀是其基本属性，这就要求在装配发动机配气机构时需要预留一定的间隙。为保证发动机在正常工作时能达到理想的状态，冷机时在气门杆尾部与气门传动部分（气门摇臂或凸轮与挺杆）之间会预留一定的间隙，该间隙被称为气门间隙（见图 2-1-7）。

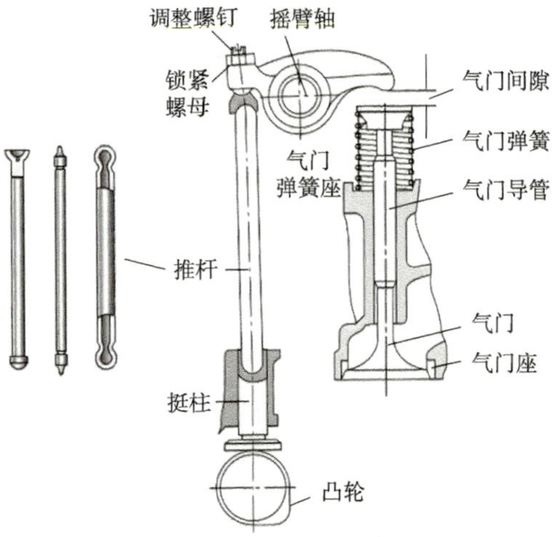

图 2-1-7 气门间隙

气门间隙的预留要根据发动机的实际情况确定，一般在维修手册中都会有标准间隙值。气门间隙过大，会使配气机构各部件间的撞击加剧，噪声增大，加大磨损，同时影响进气效率，降低发动机的功率。气门间隙过小则会使气门关闭不严，使高温高压气体从燃烧室泄漏，导致发动机的功率下降。

因此，合适的气门间隙是保证发动机功率的基础。而在发动机使用中，震动、磨损等也会使原本合适的气门间隙发生变化，这就需要我们定期对气门间隙进行调整。

（二）气门间隙的调整

气门间隙的调整方法有两种，一种是逐缸调整法，另一种是两次调整法。下面以直列四缸四冲程发动机为例介绍气门间隙调整方法。

1. 逐缸调整法

根据发动机的工作顺序（以直列四缸四冲程、做功顺序为 1-3-4-2 的发动机为例），首先确定某一气缸的压缩上止点（通常定为第一缸）位置，并对该气缸的进气门和排气门进行调整。调整完成后，再旋转曲轴到下一气缸处在压缩上止点时（旋转曲轴 180°，调整三缸进、排气门），调整该气缸的进气门和排气门，按照此方法逐步调整各气缸的气门间隙，直到所有气缸气门间隙全部调整完毕为止。

2. 两次调整法

使用工具转动曲轴，找到第一缸的压缩上止点（曲轴皮带轮标记与正时皮带盖上的标记对齐），对各缸气门进行调整。然后再将曲轴旋转一周，调整剩余气门。具体调整方法见表 2-1-4。

表 2-1-4　气门间隙两次调整法

做功顺序	调整	气缸			
		第一缸	第二缸	第三缸	第四缸
1-3-4-2	第一次调整	进气门 排气门	进气门	排气门	不调整
	第二次调整	不调整	排气门	进气门	进气门 排气门
1-2-4-3	第一次调整	进气门 排气门	排气门	进气门	不调整
	第二次调整	不调整	进气门	排气门	进气门 排气门

【制订计划与实施计划】

根据任务描述及知识储备相关内容进行实施计划的制订和决策，并在实施过程中完成学生工作手册相关内容的填写，具体实施计划可通过扫描二维码参照执行。

项目二任务一

【知识链接】

一、磁力表座简介

磁力表座是一种用于测量工具安装、校准和校验的辅助工具。它是由磁铁和支架构成的，可以将测量工具固定在表座上，方便测量人员进行测量。

磁力表座外壳为两块电工软铁（导磁体），中间用不导磁的黄铜板隔开。内部有一个可以旋转的永磁体，此磁体沿直径方向为 N、S 极。通过转动手柄，来转动里面的磁铁到中间位置，磁力线分别在两块导磁体中形成闭路时，表座就可以轻易取走；将手柄旋转 90°后，N、S 极分别对着两块导磁体，此时从 N 极到导磁体到铸铁板到另一块导磁体到 S 极，形成磁力线闭合，可以牢牢地附着在铸铁板上（见图 2-1-8）。

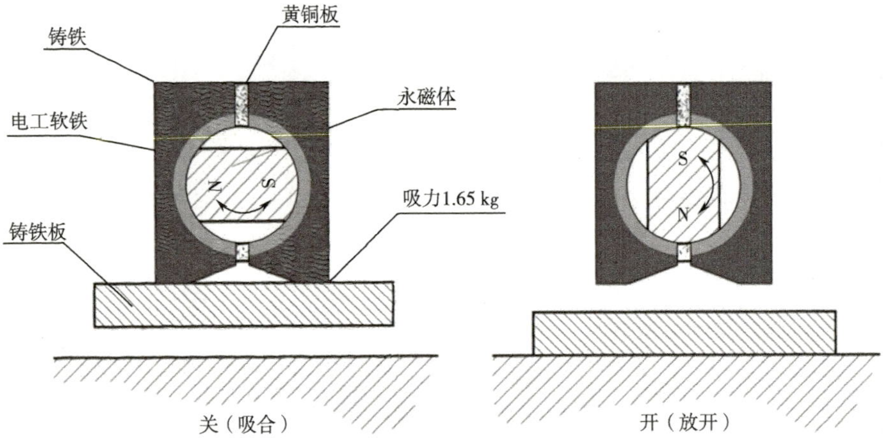

图 2-1-8　磁力表座内部结构

二、磁力表座的正确使用方法

（1）安装：将磁力表座放在平整的工作台面上，保持表座与工作台面充分接触，确保测量工具放置在表座上不会滑动。

（2）固定：使用磁力表座固定测量工具前，需清洁磁力表座和测量工具的接触面，确保黏附力充足，避免滑落或移动。

（3）校准：使用测量工具进行校准时，需将磁力表座放在固定的位置，保持稳定，以确保精确度。

（4）维护：磁力表座使用完毕后，需进行清洁，以免影响磁力表座的使用寿命。

三、磁力表座使用注意事项

磁力表座是一款测量工具辅助设备，为了发挥最佳效果，使用时需要注意以下几个方面：

（1）避免接触强磁场：磁力表座不能与强磁场或磁性物品接触，以免减弱或损坏磁力表座。

（2）避免高温环境：磁力表座不能长时间放置在高温环境中，否则磁力会减弱，影响使用效果。

（3）注意安全：使用时需注意安全，防止磁力表座非正常掉落，造成人身伤害或设备损坏。

【任务总结与思考】

一、故障分析与总结

对本次任务实施过程及结果的评价详见工作手册相关内容。

根据故障现象，检查发动机配气机构气门传动组，发现正时链条松旷。吊装发动机，并对发动机的气门传动组进行拆卸检查，发现正时链条张紧器损坏。更换为新的正时链条张紧器后，气门传动组相关故障被排除。

由于正时链条与张紧器是紧密接触的，当张紧器损坏时，正时链条与张紧器不能紧密接触，从而产生一定的间隙，导致正时链条跳齿，顶伤气门或活塞。

车辆在平时使用时要多注意定期检查保养，以防出现正时链条松动造成更大的损失，保证发动机正常工作。

二、思考题

1. 归纳总结气门传动组拆卸步骤和检查内容。
2. 在气门传动组拆卸过程中，有哪些注意事项？
3. 在拆卸发动机气门传动组过程中，为什么不能逆时针转动曲轴？
4. 在气门传动组拆装过程中，我们会用到哪些专用工具？

【思政园地】

全国劳动模范——李明权

李明权，联合大智（深圳）汽车服务投资有限公司技术组长，曾获得全国交通技术能手、广东省技术能手、广东省劳动模范、深圳市高层次人才、鹏城工匠、深圳市劳动模范、深圳市技术能手、深圳市第五届技能标兵等荣誉称号。

李明权从事汽车维修工作23年，善于学习、乐于钻研，勇于技术创新，不断提高自己的技艺水平。作为高技能领军人才，李明权积极投身汽车维修行业人才培养，他经常在汽车维修杂志上发表文章，分享自己的研究成果和经验，还依托李明权劳模创新工作室、李明权汽车维修技能大师工作室等平台，开展各类汽车维修知识培训，毫无保留地把自己的所学分享给他人。

从2009年至今，李明权还兼任深圳第二高级技工学校教师，利用业余时间开展汽车维修电工培训，累计培训学生约500人次；担任深圳市汽车维修电工的高级考评员，参与汽车维修技能鉴定考评，参加了深圳市职业技能鉴定题库和广东省职业技能鉴定题库的修订工作。

2020年11月24日，李明权获评“全国劳动模范”荣誉称号并受邀参加大会。李明权告诉记者，荣誉是对过去成绩的肯定，也是对未来的鞭策，接下来他会继续深深扎根在深圳这片热土，继续提升自己的技能水平，走在技术的前沿，踏踏实实修好车，认认真真做好培训，不辜负“全国劳动模范”这份崇高的荣誉。

任务二　气门组的结构与检修

【任务目标】

知识目标

1. 对照发动机向组员描述气门组各总成部件基本构造、功能及其工作原理
2. 自主查阅相关资料，对相关零部件进行识记，并说明检查的内容

能力目标

1. 自主查阅维修资料，列举出气门组的结构组成、各总成部件基本构造、功能及其工作原理
2. 查阅资料，总结归纳气门组常见故障，检修需要用到的工具、量具及其使用注意事项
3. 查阅资料，根据维修手册要求，制订气门组检修计划，并写出注意事项
4. 查阅资料和维修手册，对任务进行分工或执行组长任务分工安排，实施制订的气门组检修计划，并注意气门组的规范拆装
5. 根据资料说明，正确使用工具、量具对气门组各部件进行检修

素养目标

1. 全面了解气门组检修任务的目标、需要完成的作业，在任务实施过程中进行自我管理、符合 7S 管理规范
2. 积极主动查阅维修手册、汽车发动机构造与维修等相关资料，与组员相互配合、有效沟通，在规定时间内共同完成气门组检修任务所需知识的收集、整理和归纳
3. 完成气门组检修任务的分配或服从组长安排，与组员相互讨论，采纳其他人员的合理建议并共同完成任务实施计划的制订
4. 在任务实施过程中公平、公正地评价任务实施情况，对不合理、不规范的操作进行客观点评，养成良好的职业道德修养
5. 改正气门组检修任务实施中出现的不合理、不规范的操作并反复训练，做到精益求精，争做汽车维修行业高技能人才

【任务描述】

在气门传动组检修任务中，我们知道一辆迈腾轿车无法启动，车辆拖到 4S 店后，维修人员对车辆进行了初步检查，确认故障现象为电池严重亏电、无故障码、气门积碳严重、气缸压力 0 bar、气门弯曲变形。

在气门传动组检修任务中，我们已经将正时链条张紧器的故障排除。接下来，我们还要继续对气门组进行检修，进一步确认气门组的有关故障。现需要对该发动机气门组件进行拆卸检查。

我们初步分析该车发动机因出现气门弯曲导致气门密封不严，而使发动机气缸压力为 0 bar。那么还有没有其他故障呢？我们需要进一步对配气机构的气门组进行检修，这就要求我们全面了解气门组的作用、组成、工作原理及检修。下面我们一起来认识配气机构气门组的理论知识，并学会对气门组进行检修。

【知识储备】

气门组是配气机构的重要组成部分，其中的气门、气门座（气门座圈）也是发动机燃烧室的组成部分，其工作环境非常恶劣，需要直接与高温、高压、有一定腐蚀性的燃气接触；同时，散热困难、润滑条件差；且在气门弹簧力的作用下，气门落座时产生一定的冲击力。鉴于此，气门及相关组件时的材料要有良好耐热性、耐冲击、耐腐蚀、耐磨损，且有良好的导热性，足够的硬度和强度。

气门组一般由气门、气门导管、气门弹簧座、气门弹簧、气门锁夹、气门油封等组成，如图 2-2-1 所示。

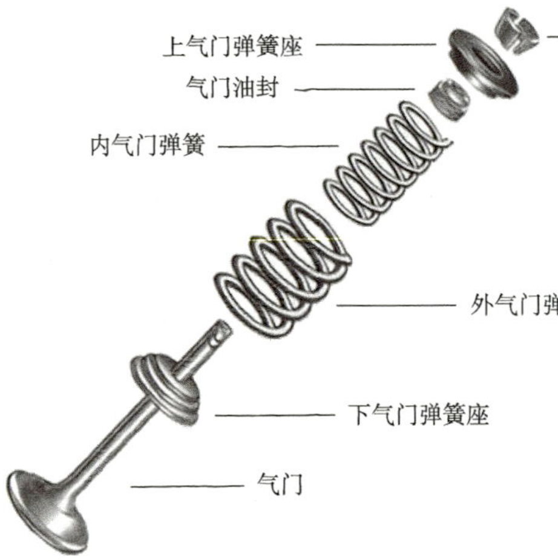

图 2-2-1　气门组的基本组成

一般情况下，进气门采用中碳合金钢制造，如铬钢、铬钼钢和镍铬钢等；排气门则采用耐热合金钢制造，如硅铬钢、硅铬钼钢、硅铬锰钢等。有的排气门为节约成本，其头部采用耐热合金钢，杆部用普通合金钢制造。有的则在排气门的气门锥面喷涂钨钴合金，以提高其耐磨性、耐热性、耐腐蚀性和硬度，达到延长气门寿命的目的，同时节省耐热合金。

一、气门及气门检修

汽车发动机的进、排气门均为菌形气门，由气门头部和气门杆部两部分构成，其结构和各部名称见图 2-2-2。

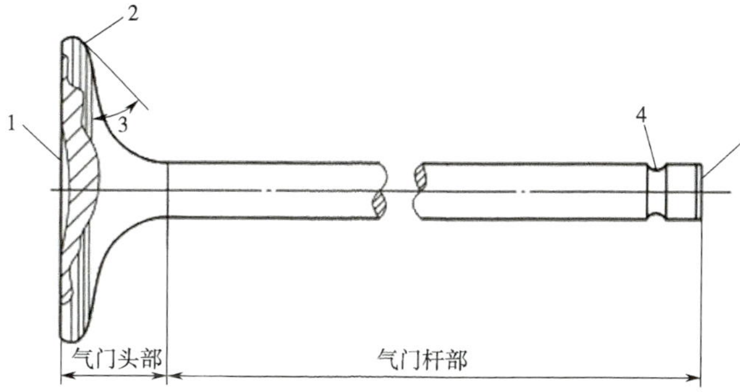

1-气门顶面　2-气门锥面　3-气门锥角　4-气门锁夹槽　5-气门尾端面

图 2-2-2　气门结构及各部分名称

气门顶面有平顶、凸顶和凹顶等形状（见图 2-2-3）。目前应用最多的是平顶气门，其结构简单，制造方便，受热面积小，进、排气门都可采用。凸顶气门头部刚度较大，用作排气门时，排气阻力较小，但受热面积大，质量大，加工比较复杂。凹顶气门头部与气门杆有较大过渡圆弧，用作进气门时可减小进气阻力，且气门有较大弹性，能较好地适应气门座圈的变形，但因受热面积较大，不适合用作排气门。

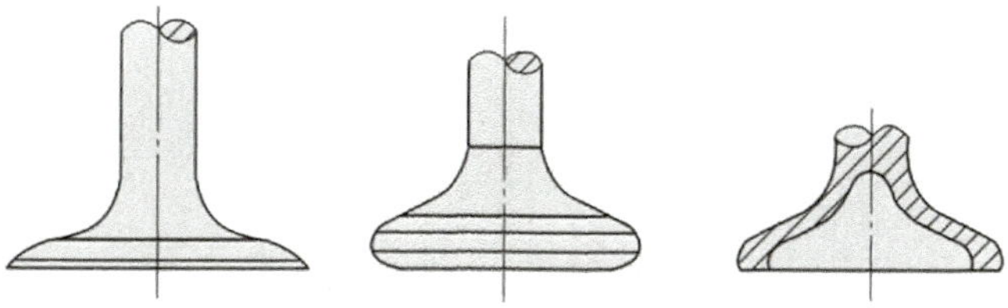

（a）平顶　（b）凸顶　（c）凹顶

图 2-2-3　气门顶面的形状

气门与气门座或气门座圈之间靠锥面密封。气门锥面与气门顶面之间的夹角为气门锥角。进、排气门的气门锥角一般均为 45°，少数发动机的进气门锥角为 30°，通过图 2-2-4 可以看出，在气门升程 H 和气门头部直径相同的情况下，气门通过断面的大小取决于 h。

结合图 2-2-4 可以看出，气门锥角较小时，气门通过断面较大，进气阻力较小，可增加进气量；但气门头部边缘较薄，刚度差，易变形，使气门与气门座圈间的密封性变差。气门锥角较大时，气门头部刚度变大，气门落座也有较好的自动对中作用，有利于气门通过气门座圈散热和提高密封性，并且因有较大的接触压力，可挤掉气门锥面上的积碳。

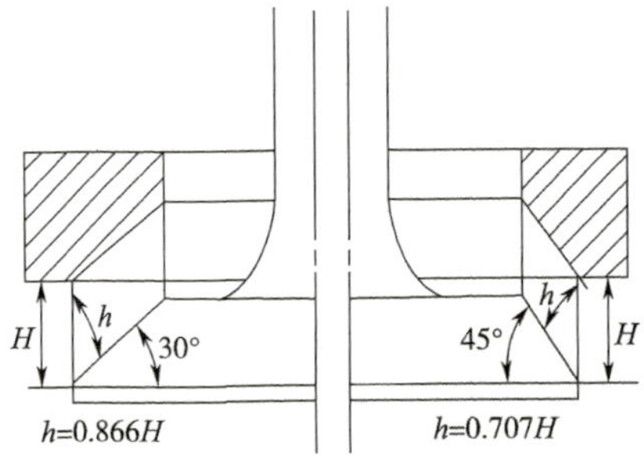

图 2-2-4　气门锥角及对气门通过断面的影响

气门头部是直接与可燃混合气接触的，要承受高温高压燃气。那么气门头部承受的热量如何散发出去呢？首先，气门头部承受的热量通过气门座圈传给气缸盖；其次，通过气门杆和气门导管传给气缸盖，最终通过气缸盖水套中的冷却液带走。为了增强传热能力，气门头部与气门杆的过渡应该圆滑；气门杆与气门导管之间的配合间隙要尽可能小；气门与气门座圈的密封锥面要严密贴合，同时也可保证气密性，以此减小传热的阻力。所以，气门与气门座圈，气门与气门导管都是配对研磨的，研磨后不能互换。

气门尾端的形状决定于上气门的弹簧座的固定方式（如图 2-2-5 所示），采用剖分成两半且外表面为锥面的气门锁夹来固定上气门弹簧座；采用圆柱销来固定，相应地在气门尾端钻有安装圆柱销的径向孔。

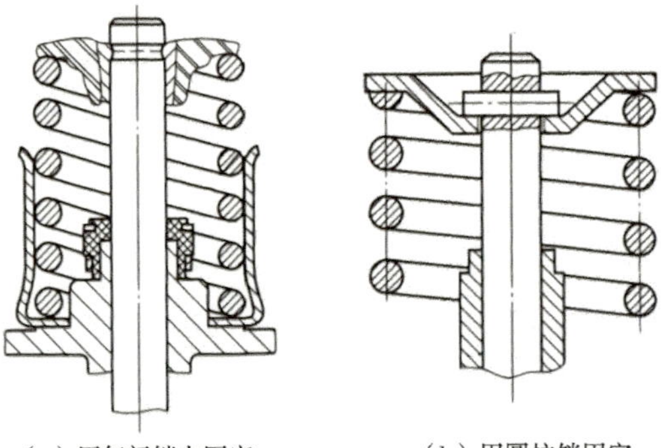

（a）用气门锁夹固定　　（b）用圆柱销固定

图 2-2-5　气门弹簧座的固定方式

现代汽车发动机每个气缸的气门数量一般为四个，即两个进气门和两个排气门。

为了减小进气阻力，增加进气量，通常进气门的头部直径比排气门的头部直径大15%~30%。

近年来，一些高度强化的发动机上会采用中空充钠气门，其主要目的是降低气门质量，减小气门运动惯性，增强散热。在气门工作时，钠变成液体，不断地从气门头部吸收热量并传给气门杆，再经气门导管传给气缸盖，使气门头部得到冷却。

气门杆磨损用外径千分尺测量（如图 2-2-6 所示）。一般情况下，载货汽车的气门杆磨损量大于 0.10 mm 时，轿车的气门杆磨损量大于 0.05 mm 时，或出现明显的台阶形磨损时，应更换气门。

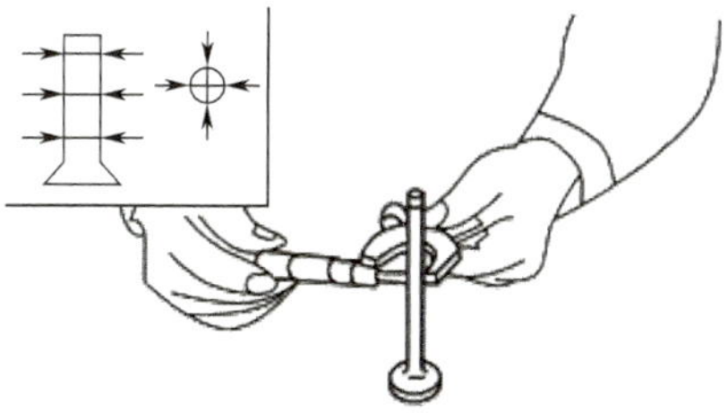

图 2-2-6　气门杆磨损的测量

气门杆弯曲（直线度）的检查方法如图 2-2-7 所示。将气门支撑在两个 V 形架上，用支撑钉顶住气门两端面。气门杆的直线度误差大于 0.05 mm 时应更换或校直。

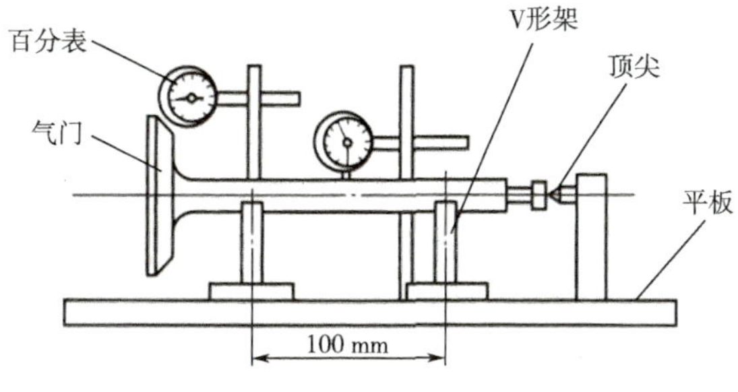

图 2-2-7　气门杆弯曲的检查

二、气门导管

气门导管的主要作用是对气门的运动起导向作用，以保证气门做直线运动，使气门与气门座或气门座圈正确贴合，并将气门杆接受的部分热量传给气缸盖。气门导管的工作温度较高，而且润滑条件较差，仅靠配气机构工作时飞溅起来的机油来润滑。

一般气门导管上端孔口不倒角，以减少进入导管孔内的机油量。排气门导管下端孔口加工排渣槽，以便刮除排气门杆上的积碳等。有些发动机为阻止气门导管松脱，采用卡环对导管进行固定与定位，在气门导管外圆面上加工有卡环槽，嵌入卡环（如图 2-2-8 所示）。

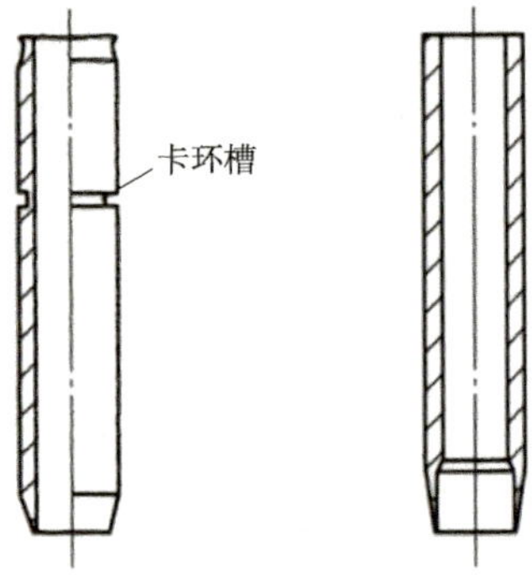

（a）带卡环槽的气门导管　　（b）底部带锐边

图 2-2-8　气门导管

气门杆与气门导管配合间隙的检查。将气门提离气缸盖平面 15 mm 左右，用百分表触头抵在气门头部的边缘处（如图 2-2-9 所示）。然后左右摆动气门，百分表指针摆动读数的一半即为被测气门杆与气门导管的配合间隙。当该值超过使用极限时，应更换气门导管。对于没有气门导管的发动机，一般留有镶配气门导管的余量，当气门杆与气门导管配合间隙超过极限时，可通过镶配气门导管的方法修复，否则应更换气缸盖。

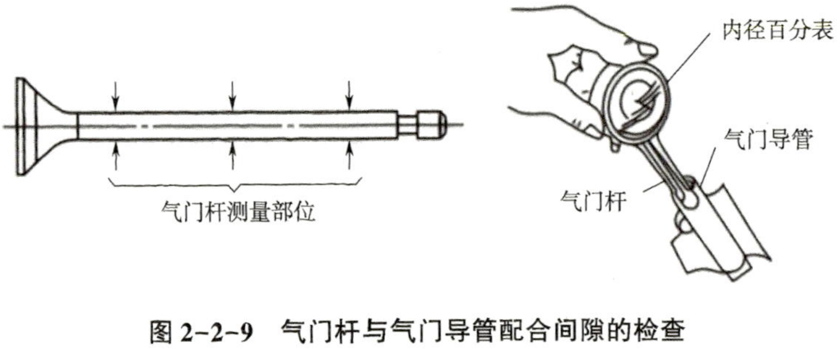

图 2-2-9　气门杆与气门导管配合间隙的检查

三、气门座与气门座圈

气门座与气门头部一起对气缸燃烧室起密封作用，同时接受气门头部传来的热量，起到散热作用。气门座的形式有两种，一种是直接在气缸盖上加工出气门座；另一种是单独制成气门座圈，镶嵌在气缸盖上。直接在气缸盖上加工的气门座散热效果好，且使用中不存在脱落造成事故的可能性。

气门座圈用耐热合金钢或耐热合金铸铁制成，优点是耐高温、耐磨损、耐冲击，而且使用寿命长，易于更换。缺点是导热性差，加工精度高，若与气缸盖上的座孔公差配合选择不当，还可能发生脱落而造成事故。

气门座圈以一定的过盈量压入气缸盖的座孔中，其结构见图 2-2-10。气门座圈的外圆面可以是圆柱面［见图 2-2-10（a）］，也可以是锥角不超过 12°的圆锥面［见图 2-2-10（b）］。气门座圈的外圆面上加工有环形槽，气门座圈压入座孔后，气缸盖材料由于塑性变形而嵌入环形槽内，可防止气门座圈脱落。图 2-2-10（c）是另外一种气门座圈结构和镶嵌方法，将气门座圈装入座孔后，再将气门座圈周围的气缸盖材料压入气门座圈与气缸盖间的缝隙中使气门座圈固定。

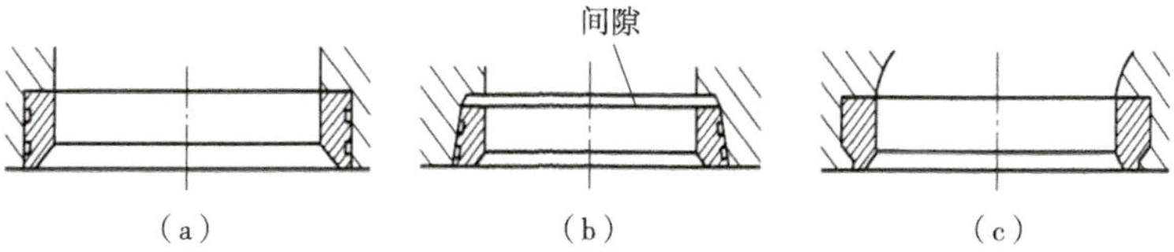

图 2-2-10　气门座圈

气门座或气门座圈的锥角与气门锥角相适应（如图 2-2-11 所示）。一般气门座圈锥角比气门锥角大 0.5°~1°，这样气门座圈与气门不以全宽接触，可以增加密封锥面的接触压力，加速磨合，并能挤出它们之间的积碳，保持密封锥面的密封性。但对于气门锥面或气门座进行硬化处理的，则采用相同的锥角。

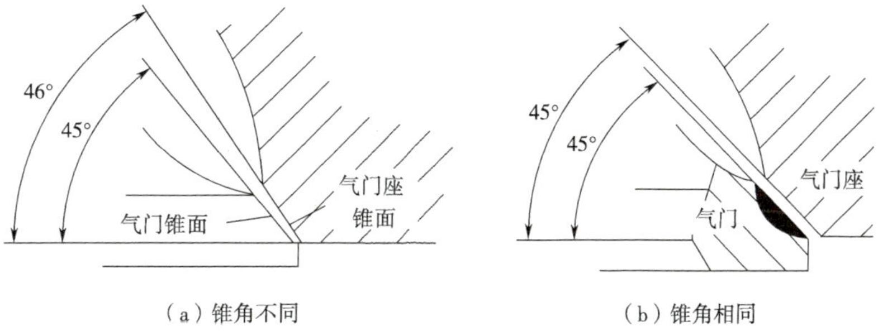

图 2-2-11　气门和气门座锥角

气门座或气门座圈经过检查不合格后需要对气门座或气门座圈进行铰削。气门座的铰削应在气门导管修配后进行。

更换或磨削、修整的气门都要与气门座或气门座圈进行配对研磨后才能使用。配对研磨后的气门和气门座或气门座圈不可互换。气门座的研磨有机动研磨法和手工研磨法两种。

机动研磨法是将气缸盖或气缸体清洗干净，置于气门座研磨机（见图 2-2-12）工作台上，在已配好的气门工作面上涂一层研磨膏，将气门杆部涂上润滑油装入导管内，调整各转轴，对正气门座孔，连接好研磨装置，调整气门升程，进行研磨。

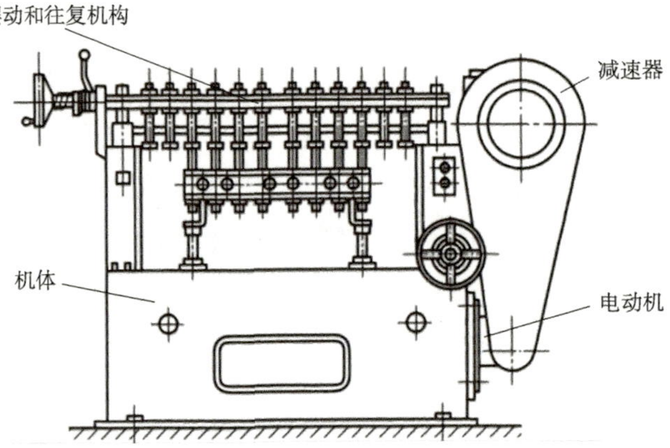

图 2-2-12　气门座研磨机

研磨后的气门和气门座圈必须进行气门密封性试验，可通过以下几种方法检验气密性：

（1）渗油法。将汽油放入相配的气门座中，用汽油或煤油浇在气门顶面上，观察其有无渗漏现象，如无渗漏，表明密封良好。

（2）划线法。如图 2-2-13 所示，用软铅笔在工作面上划若干条分布均匀的素线。然后，将气门插入气门座内，轻敲或转动。取出气门并观察所划素线是否均匀切断，如果有的线条未被切断，则表明密封不严，需重新研磨。

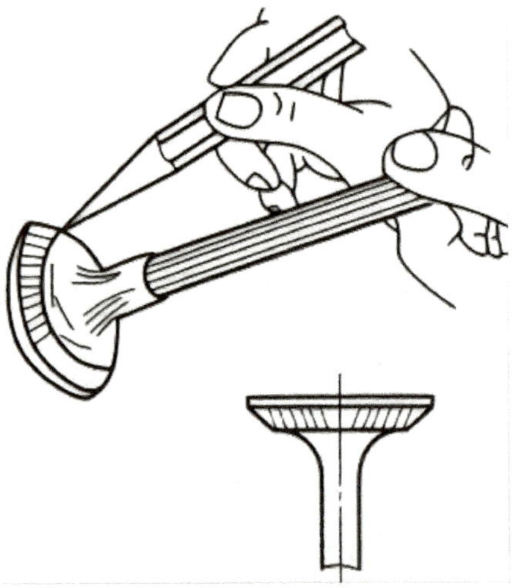

图 2-2-13　用划线法检查气门密封线

（3）拍打法。将气门在相配的气门座上轻拍数次，然后观察气门与气门座的工作面，如有明亮又完整的光环，表明已达到密封要求。

（4）用检验仪检查。如图 2-2-14 所示，利用带有气压表的气门密封性检验仪进行检验。

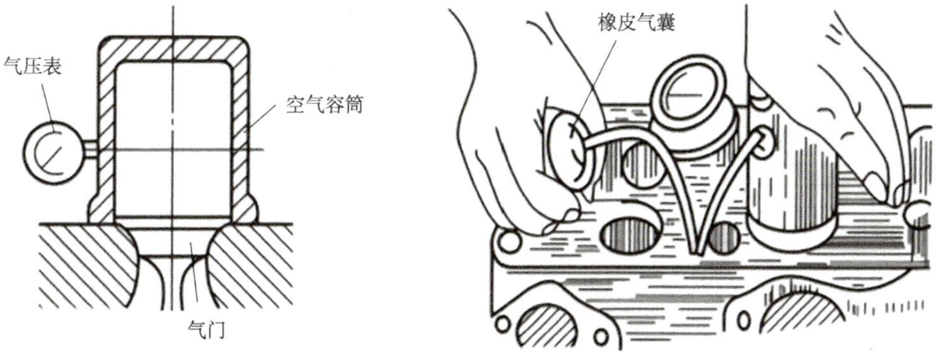

图 2-2-14　用检验仪检查气门密封性

四、气门弹簧

气门弹簧的作用是保证气门在关闭时能紧密地与气门座或气门座圈贴合，并克服在气门开启和关闭时配气机构所产生的惯性力，使传动件始终受凸轮控制而不相互脱离。

气门弹簧承受交变载荷，为保证其工作可靠，气门弹簧多采用优质合金钢丝卷绕成螺旋状，并经热处理，两端磨平，以防止弹簧在工作中产生歪斜。

气门弹簧一般为等螺距圆柱形螺旋弹簧，如图 2-2-15（a）所示。当气门弹簧的工作频率与其固有振动频率相等或为其整数倍时，将发生共振。

为避免发生共振，常采用以下措施：

（1）提高弹簧刚度，即提高气门弹簧的固有振动频率。

（2）采用双气门弹簧。每个气门安装两根直径不同、旋向相反的内外弹簧。

（3）采用变螺距弹簧［如图 2-2-15（b）所示］。其各圈之间的螺距不等，螺距小的一端朝向气缸盖。

（4）采用锥形气门弹簧［如图 2-2-15（c）所示］。锥形气门弹簧的刚度和固有振动频率沿弹簧轴线方向是变化的，可以消除发生共振的可能性。

（5）采用气门弹簧振动阻尼器。

为保证气门弹簧的正常工作，需要对气门弹簧进行必要的检查与选配。气门弹簧主要从以下几个方面进行检查。

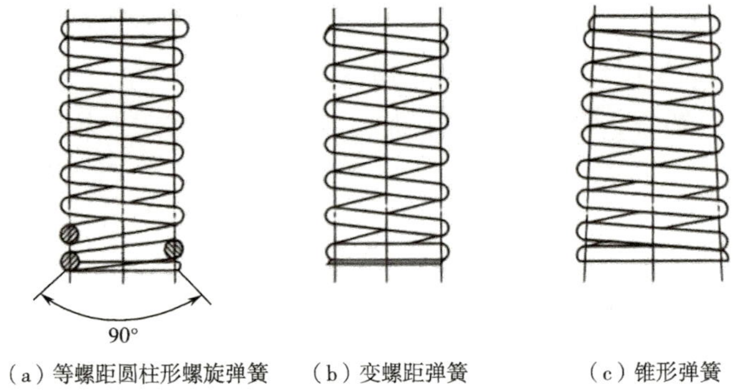

图 2-2-15　气门弹簧

（一）检视法

观察洗净后的气门弹簧外表面有无变形、裂纹等缺陷，如有，则应更换。

（二）气门弹簧自由长度的检查

（1）新旧对比法：将一标准弹簧与被测弹簧置于同一平板上，比较其长度是否一致；如不一致，则应更换。

（2）用游标卡尺测量弹簧的自由长度（见图 2-2-16）。当自由长度减小值超过 2 mm 时，应予以更换。

（三）测量弹簧弹力

用台秤测量弹簧弹力（见图 2-2-17），将弹簧压至规定长度，台秤上所示弹力大小即为所测弹簧弹力。

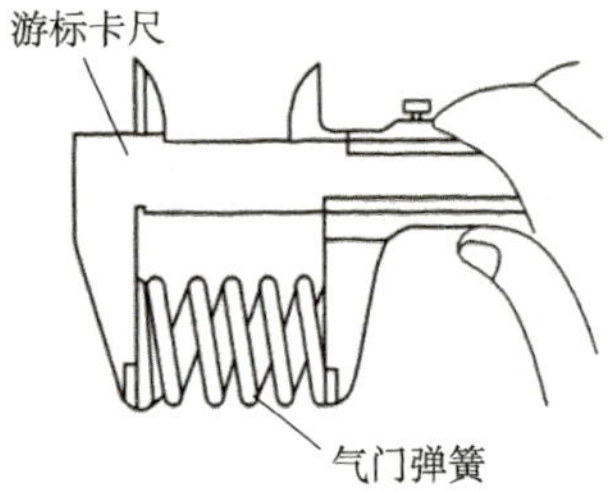

图 2-2-16　气门弹簧自由长度的测量

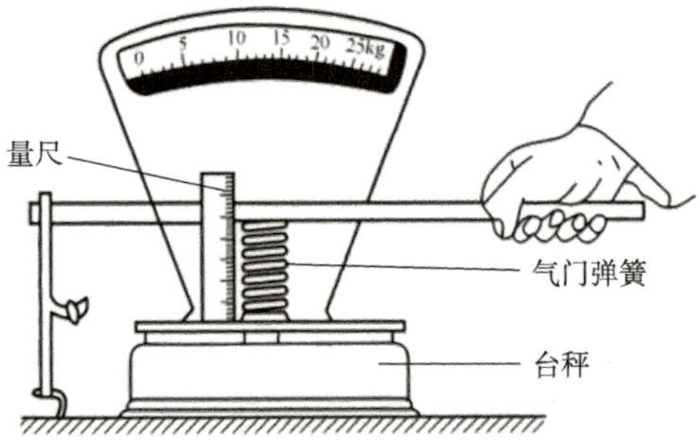

图 2-2-17　用台秤测量弹簧弹力

（四）气门弹簧弯曲和扭曲变形的检验方法

如图 2-2-18 所示，将气门弹簧放置在平板上，用直角尺检查其弯曲量（δ）和扭曲变形。当 δ≤1.5 mm，弹簧轴线偏移≤2°时为合格，否则应更换。

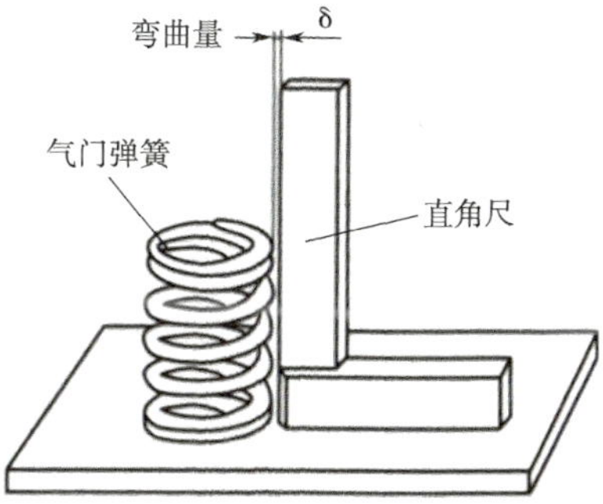

图 2-2-18　在平板上检验弹簧变形

【制订计划与实施计划】

根据任务描述及知识储备相关内容进行实施计划的制订和决策，并在实施过程中完成学生工作手册相关内容的填写，具体实施计划可通过扫描二维码参照执行。

项目二任务二

【知识链接】

气门弹簧拆卸钳是用于拆卸气门弹簧的专用工具，其主要部分如图 2-2-19 所示，由弯弓、气门顶置接头、螺杆和压杆组成。

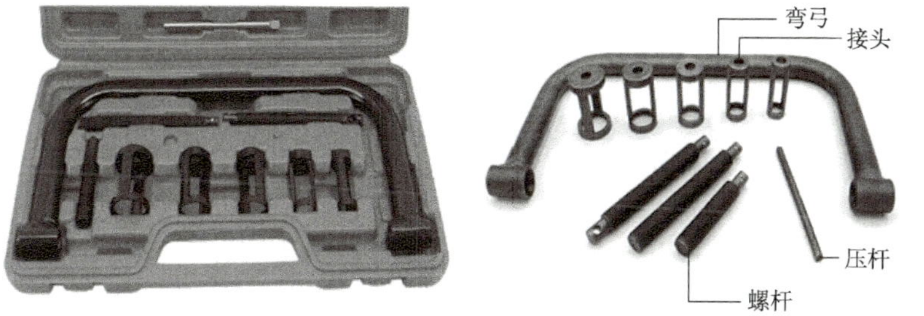

图 2-2-19　气门弹簧拆装钳

一、气门弹簧拆装钳的使用方法

（1）使用时，首先选择合适的气门顶置接头，然后选择长度适当的螺杆。

（2）组装气门弹簧拆装钳，并将钳口调整到合适的大小，安装气门顶置接头。

（3）拆卸前，先检查确认螺杆是否对准要拆卸气门的中心，气门顶置接头对准气门弹簧座。

（4）旋转手柄，直至将气门弹簧座压缩到最小，并用磁力棒吸取气门锁片，再反方向旋转气门弹簧装卸手柄，取出装卸钳。

（5）依次取下气门弹簧座、气门弹簧、气门、气门油封等。

（6）安装气门时，其使用方法与拆卸时相同，只是在压紧气门弹簧座后需要用气门锁片安装钳将气门锁片安装到气门锁夹槽后再将气门弹簧拆装钳退出。

二、气门弹簧拆装钳使用注意事项

气门弹簧拆装钳是气门弹簧拆装专用工具，为了达到最佳用效果，使用时需要注意以下几个方面：

（1）使用前的检查：气门弹簧拆装钳在使用前应检查工具是否完好，有无损坏或缺少配件。

（2）使用后的维护：气门弹簧拆装钳使用后要及时保养擦拭，不能长时间放置在高湿环境中，以防生锈，影响使用效果。

（3）注意安全：气门弹簧弹力很大，使用时需注意安全。选择合适的气门顶置接头和螺杆，并检查螺杆是否对准要拆卸气门的中心，气门顶置接头对准气门弹簧座，防止因接头不合适，在使用中出现滑脱，造成人身伤害或设备损坏。

【任务总结与思考】

一、故障分析与总结

对本次任务实施过程及结果的评价详见工作手册相关内容。

根据故障现象，并结合本次任务，对发动机配气机构气门组进行拆检，发现各缸气门都有不同程度的弯曲变形。分别校正或更换各缸气门，并更换气门油封后，气门组相关故障被排除。

我们知道在气门传动组故障检修时，已对正时链条张紧器进行过更换，知道当张紧器损坏时，会导致正时错乱的现象，最终顶伤气门或活塞，从而导致密封不严，发动机功率下降，甚至不能启动。

因此，车辆在平时使用时要多注意定期检查保养，以防出现正时链条松动造成更大的损失，保证发动机的正常工作。

二、思考题

1. 在气门组拆装过程中，需要进行哪些项目的检查维修？有哪些注意事项？
2. 你在气门组拆装检查过程中扮演什么角色？你认为自己还有哪些方面需要改进？
3. 在气门组拆装过程中，我们会用到哪些专用工具？有哪些使用注意事项？

【思政园地】

世界技能大赛重型车辆维修项目金牌获得者——蒋昕桦

蒋昕桦，宁波技师学院学生，北京时间2022年11月27日晚11时30分，远在奥地利举行的2022年世界技能大赛上传来喜讯，蒋昕桦获得特别赛重型车辆维修项目冠军，实现了中国队该项目金牌“零”的突破，这也是宁波首枚“世赛”金牌。

世界技能大赛由世界技能组织举办，被誉为技能界的奥林匹克。重型车辆维修是指技术人员负责大型机械和工业设备维修保养的竞赛项目。项目分为六个模块：柴油发动机模块、液压模块、电气系统模块、传动模块、转向制动模块和PDI（新车交付前检验）模块。

比赛主要考核选手对多品牌多系统故障的诊断和排除，涉及柴油发动机系统、液压系统、整车电气系统、传动系统、转向/制动系统、新车交付检查等六大领域，每个项目作业3小时，累计作业18小时。

世赛的参赛选手需要娴熟的英语能力，蒋昕桦就拼命学英语，后来他不但能看懂各种英语资料，掌握了几乎全部的重型车英文词汇，还能熟练地与裁判用英语交流。训练期间，他甚至用英文指挥完全不会开挖掘机的翻译开动了大型挖掘机。

“蒋昕桦是我们的骄傲！他的坚持成就了他。”高吉说，蒋昕桦的“逆袭”故事告诉更多的青年学子，只要自己不放弃，谁都无法将你抛弃。

蒋昕桦父亲蒋吉伦是一名普通工人，他说：“孩子靠的是学院老师精心培养，我没能给予他什么，我只是对他说，你自己的路要自己走下去，不管多累，都要坚持。”

蒋昕桦在接受记者采访时说：“父亲是我的榜样，他十几岁就工作了，至今仍在一家厂里工作。他以自己为例告诉我做人做事都要脚踏实地，与自己赛跑，坚持到底就是成功！”

任务三　配气正时与正时链条的调整

【任务目标】

知识目标

1. 掌握配气相位的原理，并能正确分析配气相位
2. 掌握可变配气正时的类型、作用、原理
3. 掌握正时链条调整的步骤及注意事项

能力目标

1. 通过查阅维修资料，检查配气正时是否正确，并能正确使用工具对配气正时进行调整
2. 查阅资料，根据维修手册要求，制订正时链条调整计划，并写出注意事项
3. 自主查阅维修资料，说出可变配气正时的结构特点和工作过程
4. 查阅维修资料，列举配气相位不准确时出现的故障

素养目标

1. 全面了解正时链条检修调整任务的目标、需要完成的作业，在任务实施过程中进行自我管理、符合 7S 管理规范
2. 积极主动查阅维修手册、汽车发动机构造与维修等相关资料，与组员相互配合、有效沟通，在规定时间内共同完成正时链条检修调整任务所需知识的收集、整理和归纳
3. 完成正时链条检修调整任务的分配工作或服从组长分工安排，与组员相互讨论，采纳其他人员的合理建议并共同完成任务实施计划的制订
4. 在任务实施过程中公平、公正地评价任务实施情况，对不合理、不规范的操作进行客观点评，养成良好的职业道德修养
5. 改正正时链条检修调整任务实施中出现的不合理、不规范的操作并反复训练，做到精益求精，争做汽车维修行业高技能人才

【任务描述】

通过前两个任务，我们知道一辆迈腾汽车无法启动，在维修人员对车辆进行系统性的检查与维修后，故障已基本排除。现在需要我们对该车配气机构相关的部分进行组装与调整。

你作为组长或组员，应该如何分配任务或接受任务，并顺利实施？在任务实施前

我们需要哪些知识储备？什么是配气相位？可变配气正时技术又是什么技术？正时链条调整不当会出现什么故障？我们带着这些问题来实施本次任务。

【知识储备】

我们都知道发动机在工作的时候需要吸入可燃混合气，在燃烧室内燃烧，产生燃气膨胀力，推动活塞做功，最终将活塞的往复直线运动转化为汽车前进的动力。一般来说，进入气缸内的新气量越多，发动机的动力性越好。而气门开启和关闭的时刻是其中一个重要影响因素。

在发动机的实际工作中，为了充分利用气体流动的惯性，使进气更加充分，排气更加彻底，往往会在进气的时候让进气门提前打开，在排气的时候让排气门滞后关闭。由于发动机在工作过程中转速的变化范围非常大，用时间表示气门开启、关闭的时刻和持续时间显然不合适。但是，发动机每个工作循环曲轴都会转两圈，这个工作循环是不会变的。因此，人们规定用曲轴转角表示进、排气门开闭时刻及其开启的持续时间，并把这个曲轴转角称作配气相位。

一、配气相位

从进气门打开到上止点曲轴所转过的角度称为进气提前角，记作 α；从进气行程下止点到进气门关闭曲轴转过的角度称为进气滞后角，记作 β；从排气门开启到下止点曲轴转过的角度称为排气提前角，记作 γ；从上止点到排气门关闭曲轴转过的角度称为排气滞后角，记作 δ（见图 2-3-1）。

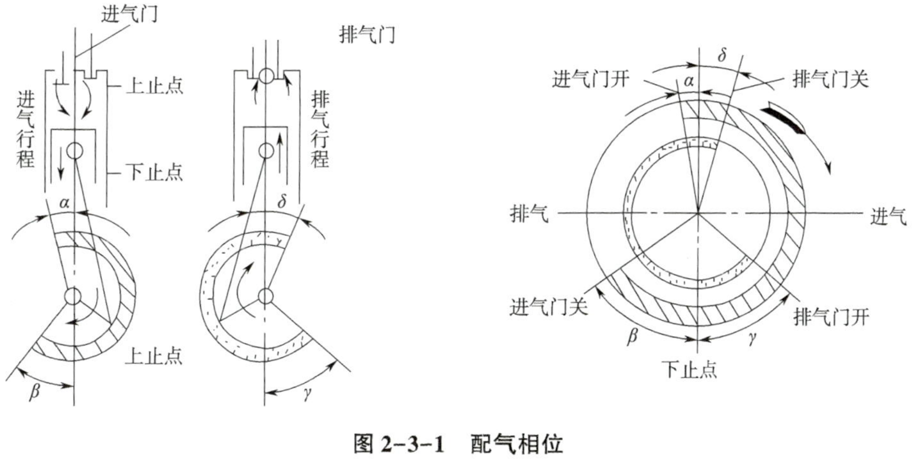

图 2-3-1　配气相位

由图 2-3-1 可看出，整个进气过程持续的时间或进气持续角为 $180°+\alpha+\beta$ 曲轴转角。一般 $\alpha=0°\sim30°$，$\beta=30°\sim80°$ 曲轴转角。整个排气过程持续的时间或排气持续角为

180°+γ+δ 曲轴转角。一般 γ=40°~80°，δ=0~30°曲轴转角。

进气门早开是为了在进气开始时进气门能有较大的开度或较大的进气通过断面，以减小进气阻力，使进气顺畅。进气门晚关则是为了充分利用气流的惯性，在进气滞后角内继续进气，以增加进气量。进气阻力减小不仅可以增加进气量，还可以减小进气过程消耗的功率。

排气门早开是为了在排气门开启时气缸内有较高的压力，使废气能以很高的速度自由排出，并在极短的时间内排出大量废气。当活塞开始排气行程时，气缸内的压力已大大下降，排气门开度或排气通过断面明显增大，从而使强制排气的阻力和排气消耗的功率大为减小。排气门晚关则是为了利用废气流动的惯性，在排气滞后角内继续排气，以减少气缸内的残余废气量。

由于进气门早开和排气门晚关，活塞在上止点附近出现了进气门和排气门同时开启的现象，我们称之为气门叠开。气门叠开期间的曲轴转角称为气门重叠角，它等于进气提前角与排气滞后角之和，即 α+δ。在气门叠开时，由于新鲜混合气和废气都有较大的流动惯性，它们各行其道，并不会相互掺混。因此，只要气门重叠角选得合适，就可以使进气更加充分，排气更加彻底。

二、可变配气正时技术

不同的发动机由于其结构和转速的不同，其配气相位也会有不同要求。人们希望配气相位能随着发动机的转速变化而变化，欲达到此目的，需要采用可变气门正时技术。可变气门正时技术能根据发动机的转速不同而自动调整配气相位，通过控制气门开启关闭的时间和角度，使进气量达到最佳状态，以提高燃烧效率。这在理论上能使发动机在任何转速下都有相匹配的最佳配气相位，使进入的空气量达到最佳，从而提高燃烧效率。

（一）可变配气正时技术

在 20 世纪七八十年代，首先将气门正时技术应用于量产车的是意大利的阿尔法·罗密欧。它是用两根不同的凸轮轴分别控制进气门和排气门的开启和关闭时间，这样比一根凸轮轴同时控制进、排气门的效果更好。

1989 年，本田首次发布了“可变气门配气相位和气门升程电子控制系统”，即现在常见的 VTEC。此后，随着这一技术的不断发展，丰田开发了 VVT-i，保时捷开发了 Variocam，现代开发了 DVVT。但其设计思路基本相同。可变气门正时的原理就是根据发动机的运行状况，通过不同的设备装置调整进气、排气的量，控制气门开闭的时间和角度，使进入的空气量达到最佳，从而提高燃烧效率。

可变气门正时技术按照连续性可分为连续可变气门正时和不连续可变气门正时两

种；按照气门位置可分为可变进气门正时和可变排气门正时两种。

（二）可变气门升程技术

1. 可变气门升程的作用

发动机的实质动力表现与单位时间内进入气缸内的进气量有关，但可变气门正时系统对进气量的改善有限，对动力的提升效果还不理想，而可变气门升程技术可以弥补这一缺点。

2. 可变气门升程技术的工作原理

详见图 2-3-2。

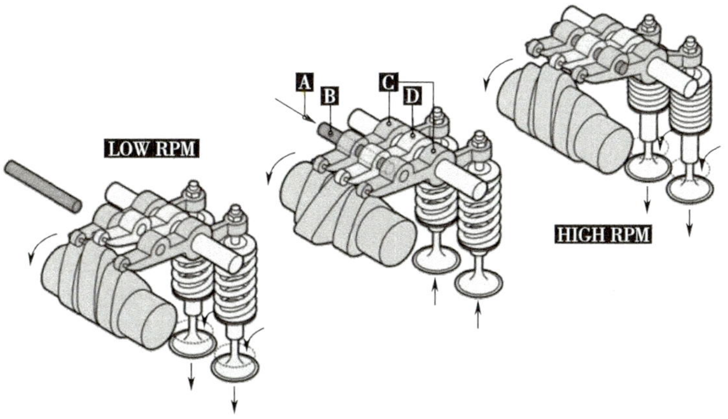

图 2-3-2　可变气门升程技术原理

（1）发动机在低负荷运转情况下，小活塞在原位置上，三根摇臂分离，第一低速凸轮和第二低速凸轮分别推动第一摇臂和第二摇臂，控制两个进气门的开闭，气门升量较少，其情形类似于普通的发动机。

（2）但当发动机达到某一个设定的高转速（如 3 500 r/min，本田 S2000 型跑车要达到 5 500 r/min）时，发动机控制电脑即发出指令，控制电磁阀启动液压系统推动摇臂内的小活塞，使三根摇臂锁成一体，一起由中间凸轮驱动。由于中间凸轮比其他凸轮都高，升程大，所以进气门开启时间延长，升程也增大了。

（3）当发动机转速降低到某一个设定的低转速时，摇臂内的液压随之降低，活塞在回位弹簧作用下退回原位，三根摇臂分开。这样一来就保证了在低转速时对油耗的控制，同时满足发动机处于高转速下对动力输出的需要。

【制订计划与实施计划】

根据任务描述及知识储备相关内容进行实施计划的制订和决策，并在实施过程中完成学生工作手册相关内容的填写，具体实施计划可通过扫描二维码参照执行。

项目二任务三

【知识链接】

一、扭力扳手简介

扭力扳手又叫力矩扳手，常用的扭力扳手有预置式和指针式两种。一般用于有规定的拧紧力矩的螺栓、螺母的拆装上，如发动机气缸盖、曲轴主轴承盖、连杆盖等部位的螺栓、螺母等（见图 2-3-3）。

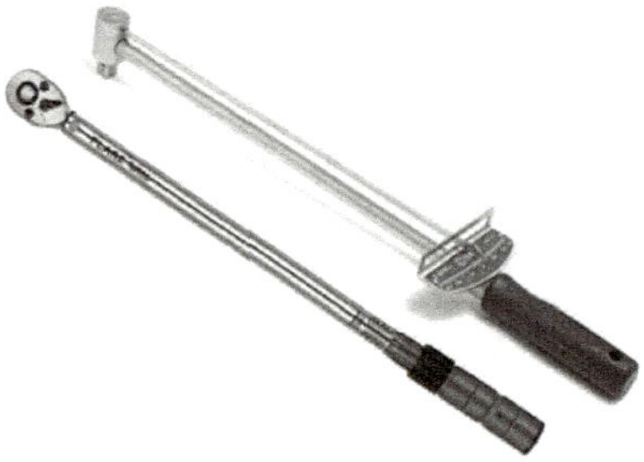

图 2-3-3　扭力扳手

二、扭力扳手的使用方法

（1）使用时，将套筒插入扭力扳手的方芯上。

（2）用左手握住套筒加长杆（或左手手掌中心抵住方芯头部，注意不要触碰到扭力扳手的指针，以免造成错误识读数据），右手握紧扭力扳手手柄，往靠近身体方向转动扳手。

（3）对于预置式扭力扳手，使用前应先将力矩调整到规定值。

三、扭力扳手使用注意事项

扭力扳手为高精度产品，使用时需注意以下几点：

（1）使用中请勿强烈冲击；绝对不能当榔头使用，敲击工件。

（2）当用于拧紧力矩较大的螺栓或螺母时，应分次按一定顺序拧紧。

（3）使用扭力扳手，应检查刻度盘上刻度线是否清晰。

（4）禁止往外推扭力扳手，以防因滑脱而受伤。

（5）扭力扳手在使用后应擦除油污，妥善放置。

（6）使用预置式扭力扳手时，当听到“咔嗒”声或感到扳手上有卸力感时，请勿继续施力，此时即已达到所设定的扭力值。

（7）对于预置式扭力扳手，使用后应把扭力值调至零位放置，以保持扳手精度，延长使用寿命。

【任务总结与思考】

一、故障分析与总结

对本次任务实施过程及结果的评价详见工作手册相关内容。

根据故障现象，维修人员做了检测和维修，王先生的迈腾 1.8T 轿车无法启动是由于正时链条张紧器损坏引起正时错乱，导致活塞顶气门，造成气门弯曲等。经过前两个任务的实施，故障已基本排除，本次任务是对配气机构进行装配和对正时链条进行调整。

在进行正时链条调整时，需要按照维修手册要求正确完成。同时，提醒驾驶员平时在使用车辆时要注意定期检查和保养，以防出现正时链条松动造成更大的损失，保证发动机正常工作。

二、思考题

（1）归纳总结并写出正时链条拆装过程中需要进行检查维修的项目及注意事项。

（2）你在正时链条拆装检查过程中扮演什么角色？你认为自己还有哪些方面需要改进？

（3）在正时链条拆装调整过程中，我们会用到哪些专用工具？有哪些使用注意事项？

【思政园地】

孙雪梅——巾帼不让须眉，做好汽修工匠的女师傅

孙雪梅，汽车维修工，高级技师，长春工匠，长春市劳动模范，首批吉林省长白山技能名师。她 1996 年毕业于长春汽车工业高等专科学校汽车检测与维修专业，先后担任长春通立汽车商贸有限公司一汽大众特约维修站技术培训师、吉广传媒兼职技术顾问、一汽-大众销售有限公司主机厂联合辅导兼职培训师。

2010 年，孙雪梅作为特殊引进人才回到母校长春汽车工业高等专科学校从事教学工作，成为一名真正的人民教师。经过这些年的历练和成长，她深知学生应该学会什么、最需要什么。她决心把这些年自己的所学所感转化成一种系统的教学方法，为高职教育贡献一份力量。

2012—2016 年，孙雪梅连续 5 年担任吉林省和全国职业院校技能大赛（高职组）汽车检测与维修赛项的技术指导，受她指导的学生多次获得一等奖。在比赛训练过程中，她结合自己的实践工作经验，找规律、探方法，通过短短几个月的训练，使学生将相关知识与技术融会贯通。2015 年，长春市职业教育汽车检测与维修专业孙雪梅技能名师工作室建设项目立项。

“评价一个好教师，教得好不好固然重要，但更重要的是看学生吸收了多少，学习效果怎么样！”通过参加中德师培项目教法培训和多年的教学摸索，孙雪梅认为教师更应该在教学过程中将理论知识转化成学生的实际能力。为此，她认真领会德国的教学理念，并结合中国实际现状寻求适合的教学方法，将企业经验结合理论、实践，提炼出技术核心内容。

孙雪梅慧眼识英才，挖掘身边有潜质和想法的孩子。她曾把一个不愿意交作业、不愿意受束缚的学生，培养成一个能够连续几个月进行大赛魔鬼训练，并且每天都将学习所获整理总结的优秀学生。她认为最重要的两个字是“信任”。

无论是培养学生还是培养青年教师，借助名师工作室平台，孙雪梅发自内心地把每件事都做到实处，使学生和教师将自主学习作为一种习惯、一种常态、一种文化。

项目三　进排气及燃料供给系统的检测与维修

发动机的进气系统可以将清洁、干净、精确计量的空气尽可能多、尽可能均匀地送入各气缸，并将信息传递给发动机控制电脑，以便计算喷油量。此时，燃料供给系统会根据发动机工况的变化，在适当的时刻将适量的汽油（或加压后的柴油）喷入进气歧管（或气缸内），与空气混合后供入各气缸。燃料供给系统还要能存储一定数量的燃油，以保证车辆行驶足够大的里程。对于柴油机，还要根据负荷变化自动调节供油量，以保证柴油机稳定运转。

排气系统会将各缸燃烧后产生的废气经排气门进入排气歧管，再经排气管、三元催化器、氧传感器、消声器，最后排入大气中。同时，排气系统也会将废气中氧的含量信息传递给发动机控制电脑，以便更加精确地修正燃油喷射量。此外，为减少有害物的产生或排放，有的还引入二次空气喷射系统、废气再循环系统、强制通风等排气净化装置。

任务一　进排气系统的结构与检修

【任务目标】

知识目标

1. 通过查阅资料，了解进气和排气系统的结构组成、作用及工作原理
2. 查阅资料，理解进气增压技术和进气谐振腔的工作原理
3. 查阅资料，理解三元催化器、废气再循环及其他废气净化装置的目的和原理，并进行归纳总结

能力目标

1. 通过查阅资料，并结合实际车辆向组员描述进排气系统的作用、类型、组成
2. 自主查阅维修资料，列举出进排气系统各部件类型，各总成部件基本构造、功能及其工作原理
3. 查阅资料，根据维修手册要求，制订进排气系统的检修计划，并写出注意事项
4. 查阅资料，正确使用工量具对进排气系统各部件进行检修

素养目标

1. 全面了解进排气系统检修任务的目标、需要完成的作业，在任务实施过程中进行自我管理、做好过程记录、符合 7S 管理规范
2. 积极主动查阅维修手册、汽车发动机构造与维修等相关资料，与组员相互配合，进行有效沟通，并在规定时间内完成进排气系统检修任务所需知识的收集、整理和归纳
3. 完成进排气系统检修任务的分配或服从组长安排，与组员相互讨论，采纳其他人员的合理建议并共同完成任务实施计划的制订，能与小组成员团结协作，有吃苦耐劳、爱岗敬业的工作态度和职业责任感
4. 在任务实施过程中公平、公正地评价任务实施情况，对不合理、不规范的操作进行客观点评，养成良好的职业道德修养
5. 改正进排气系统检修任务实施中出现的不合理、不规范的操作并反复训练，做到精益求精，争做汽车维修行业高技能人才

【任务描述】

一辆丰田卡罗拉轿车行驶里程约 37 000 km。车主在修理厂做完保养后，发觉油耗偏高，并且加速性能稍有下降。维修人员进行常规检查，未发现异常，使用解码器读

取故障码，显示无存储故障码。

维修人员进一步利用 KT600 诊断仪读码，发现系统正常，无任何故障码。然后进入数据流栏，读取分析数据流，经过对数据流的分析、对比和判断发现了异常。空气流量数据在 1.37 g/s 到 1.42 g/s 之间波动，在正常状态下，发动机暖机后该数据应为 1.7~1.8 g/s，该数据现在明显偏小。长期燃油修正系数显示为 10.937%，短期燃油修正系数显示为 13.281%。在正常状态下燃油修正系数应在-5%到 5%之间波动，燃油修正系数目前偏大。

维修人员经过初步检查得出结论：发动机的进排气系统存在故障，需要对发动机的进排气系统进行系统检查。

如果你是维修人员，会对车辆进行哪些方面的检查？我们又需要哪些方面的知识储备？根据前面的检测数据，我们应该如何分析并找到问题？

【知识储备】

进排气系统的主要功用是尽可能多地向各气缸供给可燃混合气或纯净的空气（柴油机），同时将废气及时排出气缸，并对废气进行监测、控制、净化等处理，使发动机排放更加清洁。进气系统主要由空气滤清器、进气流量传感器、节气门、进气歧管等组成。为加强进气的效果，增加发动机的动力，还可设置谐振器和增压装置。排气系统主要由排气歧管、三元催化器、氧传感器、消声器等组成。为加强排气净化能力，还可在排气系统中引入二次空气喷射系统、废气再循环系统等废气净化装置。

一、空气滤清器

空气滤清器的主要功用是滤除空气中的颗粒杂质，让干净的空气进入发动机，以减少发动机的磨损，同时降低进气噪声。常见的空气滤清器有纸滤芯式和离心式两类，目前轿车上常用的是纸滤芯式空气滤清器。

（一）纸滤芯式

纸滤芯式空气滤清器如图 3-1-1 所示。纸滤芯式空气滤清器因具有质量轻、成本低、过滤效果好等优点而被广泛应用于各类汽车发动机上。其原理是通过进气导流管，引导空气流经空气滤清器滤芯，把空气中的灰尘、杂质等挡在滤芯外面，让干净的空气通过。其过滤效果与滤芯的滤网孔大小有关。

滤芯的更换周期可根据使用情况及空气质量等适当调整。在滤芯不是很脏的情况下，可以使用压缩空气吹去灰尘继续使用。注意：在吹去灰尘杂质时，应用压缩空气由内向外吹。

图 3-1-1　空气滤清器及安装位置

（二）离心式

离心式空气滤清器多用于大型载货汽车上，主要是利用空气中颗粒杂质比空气密度大的特点，在吸入空气的途中，使气流急速旋转或改变方向，在离心力的作用下将灰尘等杂质甩到外围，从而与空气分离（见图 3-1-2）。

图 3-1-2　惯性式空气滤清器及滤芯

二、进气歧管

进气歧管是节气门到气缸盖进气道之间的进气管路。其作用是将空气与燃油的混合气（或纯空气）分配到各缸进气道。在轿车中，一般使用铝合金或硬塑料材质。

为了将混合气或纯空气均匀地分配给各气缸，进气歧管应尽可能一样长，其内壁要尽可能光滑，以减小气体流动阻力。

为了适应不同转速下的进气特点，使进气更加充分，提高发动机的转矩，人们设计了带有谐振器的进气系统和可变进气歧管。

（一）谐振进气系统

在进气道中添加谐振腔（如图 3-1-3 所示）可以提高发动机的充气效率。由于进气过程具有间歇性和周期性，进气歧管内会产生一定幅度的压力波，此压力波会在进气系统内传播和往复反射。在特定的转速下，进气门关闭之前，谐振腔与气门的进气周期配合，进气歧管内会产生大幅度的压力波，使进气歧管的压力增高，从而增加进气量，调节发动机的最大扭矩。另外，谐振腔还可以有效降低进气噪声。

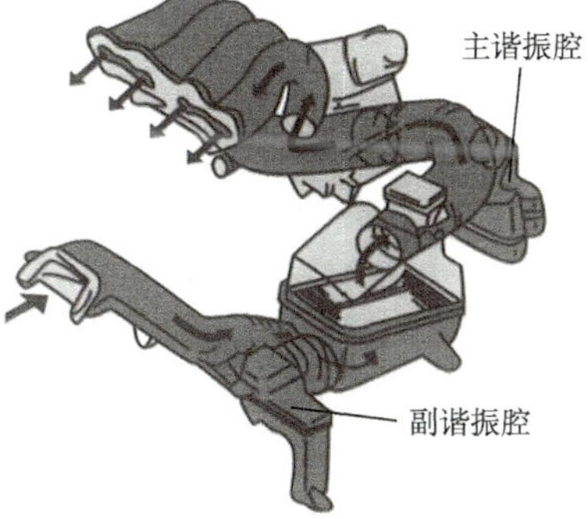

图 3-1-3　进气道谐振腔

（二）可变进气歧管

由于谐振进气系统只能在特定转速下增加进气量，为了充分利用气流的惯性和压力波动效应达到在各转速下都能增强进气的效果，人们改进了进气歧管，开始使用可变进气歧管。可变进气歧管进气效果的强弱取决于进气歧管的长度、直径、容积和发动机转速。

可变进气歧管通过改变进气歧管长度、直径等进气系统参数来改变进气压力波，以提高充气效率。在中、低转速下，较细长的进气歧管充气效果较好；而在高转速下，粗短的进气歧管充气效果较好。因此，很多发动机上采用了可变进气歧管技术。

1. 进气道长度可变进气歧管

雪佛兰科鲁兹 1.6L（LDE）、1.8L（2HO）等汽车的发动机采用进气道长度可变进气歧管。进气道长度可变进气歧管主要由真空控制电磁阀、执行器等部件组成，且在发动机控制模块（ECM）的控制下工作。真空是执行器的动力源，有些发动机会配备真空罐，用于储备真空。

进气道长度可变进气歧管的工作原理（见图 3-1-4）：执行器被置于进气歧管中，它可以执行打开和关闭动作，以改变进气道有效长度。当车辆在中、低速运行时，ECM 控制真空控制电磁阀工作，使真空管路打开，执行器阀门关闭，此时处于长进气道状态。当发动机高转速运行时，ECM 控制真空控制电磁阀关闭，使真空管路关闭，执行器阀门开启，此时处于短进气道状态。

2. 进气道截面积可变进气歧管

很多现代发动机使用了进气道截面积可变进气歧管（见图 3-1-5），它能根据发动机转速变化而自动改变进气道有效截面积。在发动机低转速、中小负荷工作时，发动机进气道的有效截面积变小，此时进气流速提高，进气惯性大，可提高发动机充气效率，改善发动机的低速性能；当发动机高转速、大负荷工作时，进气截面积增大，进气阻力减小，充气量增加，可提高发动机高速时的动力性。此外，还有一些进气可变系统可以同时控制进气道的长度与直径（有效截面积）。

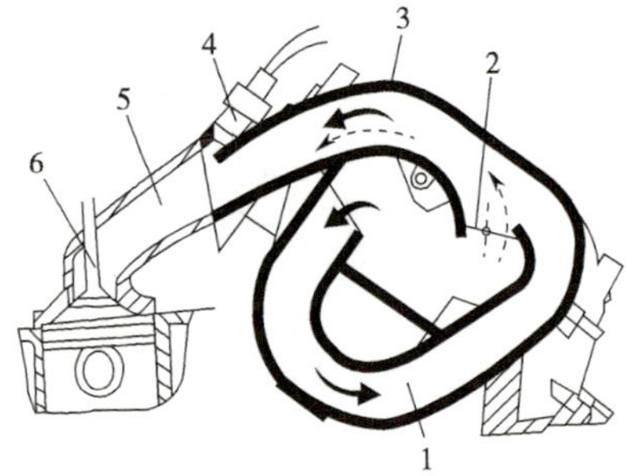

1–细长的进气歧管　2–执行器阀门　3–粗短的进气歧管
4–喷油器　5–气缸盖上的进气道　6–进气门

图 3-1-4　进气道长度可变进气歧管工作原理

图 3-1-5　EA888 发动机带翻板的进气歧管和普通铝合金进气歧管

三、机械增压和涡轮增压

汽油发动机对空燃比的要求一般是固定的。例如，一个四冲程的发动机吸入一定量的空气，就要按照空燃比的要求喷一定量的汽油，因此提升发动机的进气量就等于提升发动机的输出动力。发动机的进气量与发动机排量、发动机转速以及充气效率等因素相关。

充气效率是指实际进入气缸的混合气质量与理论上充满气缸的混合气质量的比值，通常用百分比来表示。充气效率随着发动机转速的变化而变化。例如，一台发动机在 1 000 r/min 时的充气效率为 75%，那么在 3 000 r/min 时充气效率可能下降为 60%。这是因为空气经过节气门和进气歧管到达气缸需要一定的时间，在发动机转速较高时，进气频率严重滞后于气门开闭的频率而造成充气效率降低。

为了提高发动机的充气效率，许多发动机采用了机械增压或涡轮增压技术。采用涡轮增压或机械增压的发动机，其充气效率高于 100%，可以极大提高发动机的输出动力。其中涡轮增压系统分为单涡轮增压系统和双涡轮增压系统。

发动机进气增压装置的优势主要表现在以下几方面：

（1）在发动机需要大功率输出时提供增压压力，在不需要大功率输出时则减小或不提供增压压力。

（2）在气门打开时，增压的空气可以将燃烧室内的废气清除得更干净。

（3）增压的空气可以降低缸盖、活塞和气门的温度，延长使用寿命。

（4）即使在高海拔地区，大气压力降低的情况下仍能保证足够的增压压力。

（一）机械增压器

机械增压器（见图 3-1-6）由曲轴通过传动带驱动，利用内部的压气机压缩空气后输送到发动机进气歧管。而涡轮增压器依靠发动机的排气驱动，依靠涡轮带动泵轮运转，对发动机进气进行压缩。机械增压器输送的空气量取决于发动机的转速，一般可以提升发动机动力约 20%。根据压气机工作原理的不同，机械增压器可分为离心式、罗茨式、螺旋式、滑片式和转子活塞式等类型。目前汽车发动机上常用的增压器类型主要是离心式和罗茨式，其中罗茨式的应用最为广泛。

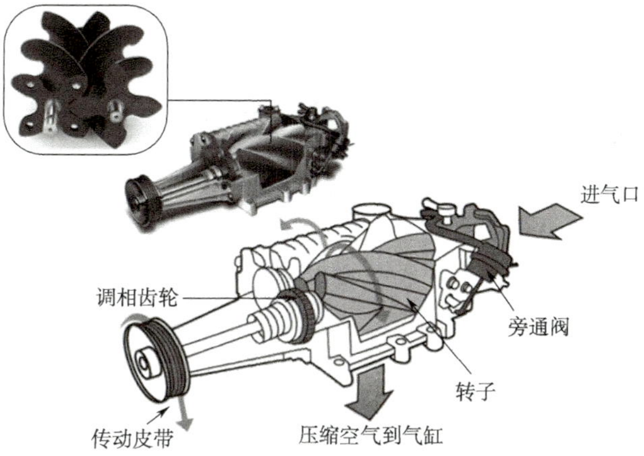

图 3-1-6　机械增压器

（二）涡轮增压器

涡轮增压器（见图 3-1-7）利用排气的能量来推动涡轮，带动进气侧的泵轮实现增压，取消了类似机械增压器上的驱动带，减少了发动机的动力损失，同时将原来浪费掉的排气能量利用起来，大大提高了发动机的进气效率。

车用涡轮增压器一般由离心式压气机、径流式涡轮机和中间体三部分组成。中间体内有润滑和冷却的油道，同时还安装密封装置，以防机油漏入压气机或涡轮机中。

中间体也连接压气机叶片和涡轮叶片（见图 3-1-8）。

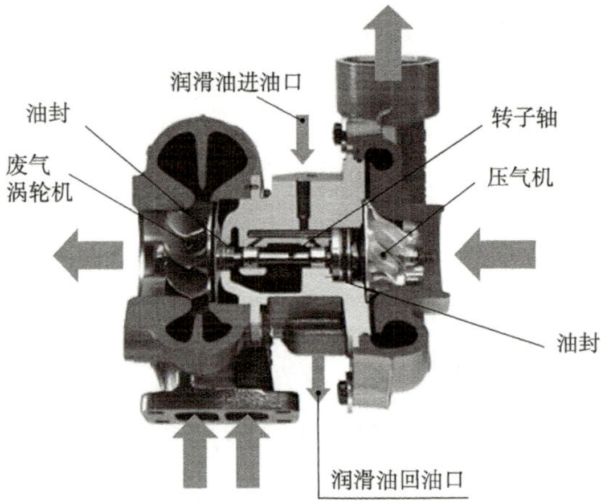

图 3-1-7　涡轮增压器

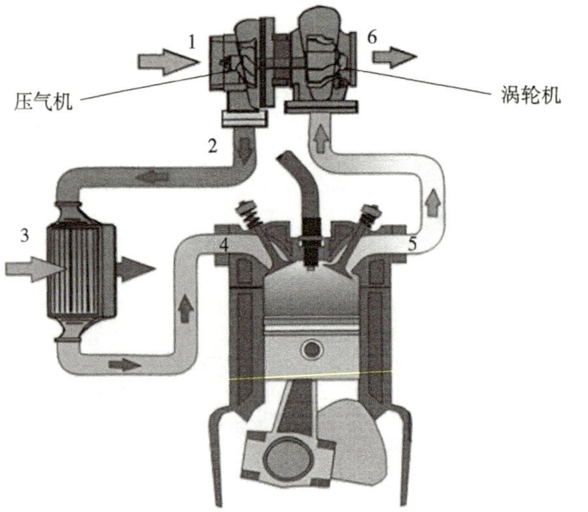

1-增压器进气口；2-气体流向；3-中冷器；4-进气门；5-排气门；6-废气出口

图 3-1-8　涡轮增压原理

四、节气门

节气门体的作用是通过与加速踏板联动，控制进气通道截面积的变化，从而实现发动机转速和负荷的控制。节气门体是控制发动机进气的一个阀门，内有一个圆形的钢片，中间有一根轴，与加速踏板拉线相连并由其控制。节气门体一般由执行器、节气门片和节气门位置传感器组成，它们一般被封装为一体，如图 3-1-9 所示。

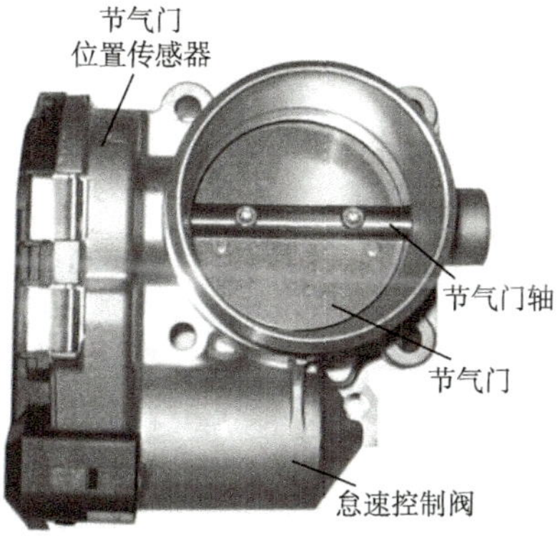

图 3-1-9　节气门体的结构

驾驶员操纵加速踏板时，加速踏板位置传感器产生相应的电压信号输入发动机控制单元，控制单元处理输入的信号，然后根据当前的工作模式、踏板移动量和变化率来解析驾驶员意图，得到相应的节气门转角的基本值，并把相应的电压信号发送到驱动电路模块，驱动控制电机使节气门达到最佳的开度位置。节气门位置传感器则把节气门的开度信号反馈给节气门控制单元，达到闭环的位置控制。

随着人们健康和环保意识的增强，对汽车有害物的排放越来越关注。为此，世界各国大都制定了相应的法规和标准，以将车辆有害物的排放控制在较低的范围内，我国的机动车排放标准也越来越严格。特别是汽油发动机尾气含有多种不同的化合物，其有害成分包括 HC、NO_X、CO、SO_2、H_2S 及微量的醛、酚、过氧化合物和含铅、含磷化合物等；而柴油发动机尾气中的有害物质除了 HC、NO_X、CO、SO_2 外，还有大量的碳烟和可溶性有机物。

为了满足各国日趋严格的排放法规标准，现代汽车发动机采取各种有效的排放控制技术，并加装处理尾气中有害物质的装置。常用的方法就是提高燃油的利用率和安装排气净化装置，涉及催化转换器、废气再循环、二次空气喷射等技术。

五、三元催化器

（一）结构组成

三元催化器安装在发动机排气歧管后方，一般由外壳、隔热垫和催化剂载体（表面附着有催化剂）组成，如图 3-1-10 所示。其外壳由两个焊接在一起的铝质或不锈钢材料制成。紧贴外壳内面的是隔热垫，它不仅起着保护催化剂载体的作用，还同隔热罩（安装在三元催化器外壳外面）一起，降低三元催化器内部的热量向外辐射，防止车辆停驻在易燃物的附近时引发火灾事故。隔热垫的里面是由陶瓷材料做成的催化剂载体，载体内部是细长的蜂窝状孔洞，孔洞内壁上敷有多孔铝涂层，铝涂层表面敷有一层催化材料，催化材料主要是稀有金属铂、铑、钯等。催化剂载体受到振动或撞击后很容易产生碎裂，所以催化剂载体一旦损坏，只能更换总成。

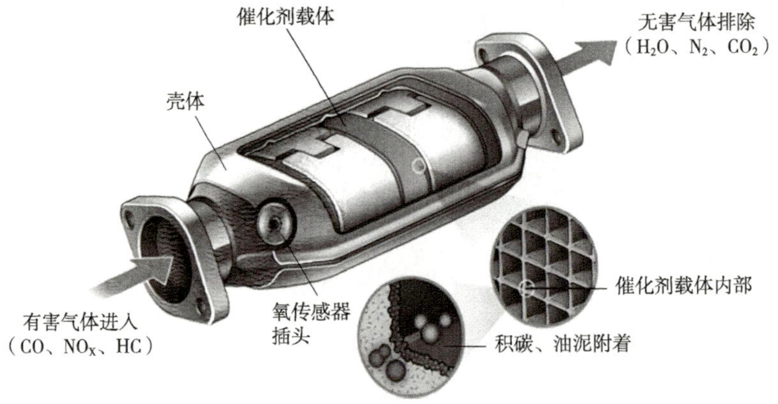

图 3-1-10　三元催化器

（二）工作原理

汽油发动机尾气中，对人类和环境危害最大的有害物质是 HC、NO_X 和 CO。当尾气中的 HC、NO_X 和 CO 通过三元催化器内部蜂巢状的陶瓷载体时，温度较高的 CO 和 HC 在催化剂铂和钯的作用下与氧发生氧化-还原反应，生成无害的水和二氧化碳，而 NO_X 则在催化剂铑的作用下被还原为无害的氧气和氮气。

20 世纪 90 年代以后，许多三元催化器在其催化材料中加入了一种可以存储氧气的金属材料——铈。当三元催化器工作时，金属铈能够在稀混合气通过载体时，吸附多余的氧气，在浓混合气通过载体时，释放吸附的氧气，以此帮助三元催化器完成催化转换作用。在含有催化剂铈的三元催化器工作时，一定要使混合气在浓和稀之间变化才能实现最好的催化效果。

（三）性能监测

三元催化器的性能可以通过 OBD-Ⅱ系统（一种针对发动机排放的车载监测系统）进行监测，以使其充分发挥效能，有效保护环境和人类的健康。

三元催化器工作性能好坏与废气温度及可燃混合气浓度密不可分。三元催化器工作的温度下限为 250 ℃，上限为 1 000 ℃。高催化率、高使用寿命的理想工作温度为 400~800 ℃，当温度在 815 ℃以上时，三元催化器的转换效明显下降。

图 3-1-11 是三元催化器转换效率与可燃混合气浓度（空燃比）关系图，可以看到，空燃比在 14.7∶1（即理论空燃比）附近时，三元催化器转换效率最高。超过该范围，随着混合气变稀，CO、HC 催化效率升高，但 NO_X 催化效率降低；反之，混合气

变浓时，NO_X 催化效率升高，但 CO、HC 催化效率降低。

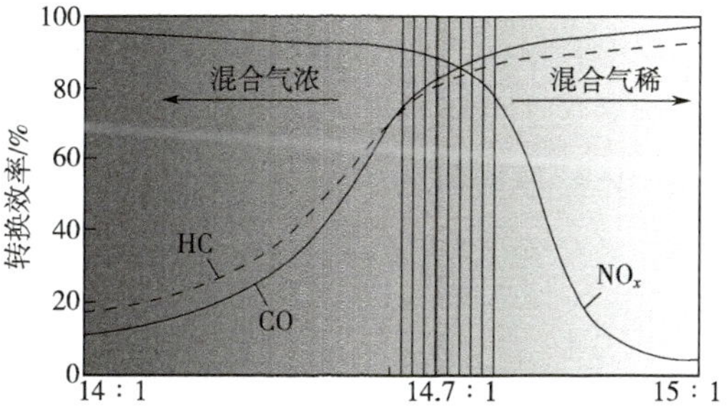

图 3-1-11　三元催化器转化曲线

1. 监测方法

由于三元催化器在工作中可以存储和释放氧气，其输出端的氧气含量会很平稳，所以后氧传感器的信号相对于前氧传感器的信号变化并不明显。在带有 OBD-Ⅱ系统的车辆中，OBD-Ⅱ系统能够根据前后氧传感器的信号变化来判断三元催化器性能是否正常。前氧传感器工作正常时，其信号电压范围在 0 V 到 1 V 之间变化，而后氧传感器工作正常时的信号电压一般维持在 0.65 V 附近。当三元催化器的催化转换效率下降时，前氧传感器的信号没有明显的变化，而后氧传感器由于受到未转换干净的 HC、NO_X 及 CO 影响，其产生的电压信号将会发生较大的波动。前、后氧传感器的信号波形如图 3-1-12 所示。

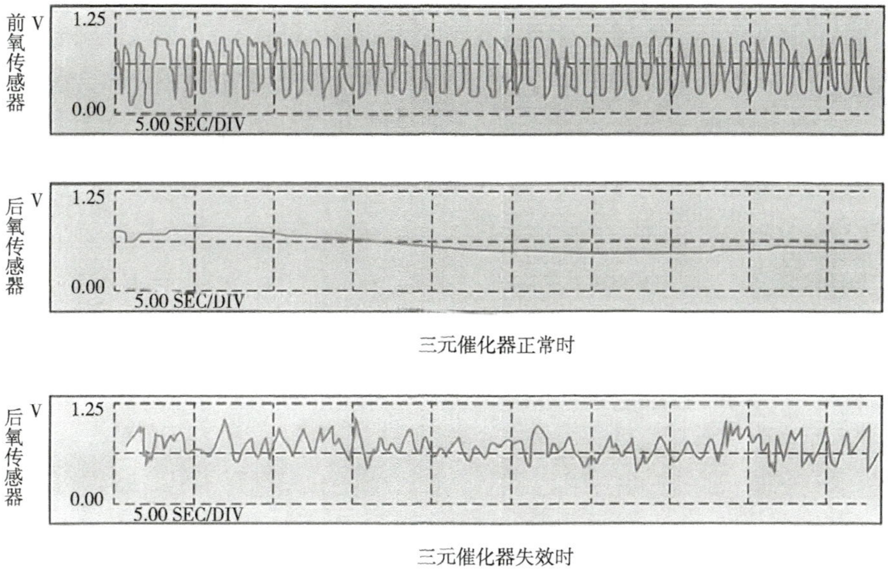

图 3-1-12　前、后氧传感器的信号波形

2. 监测条件

OBD－Ⅱ系统监测三元催化器的性能时，发动机必须满足下列条件：

（1）发动机进入闭环控制；

（2）进气温度传感器读数大于 0 ℃；

（3）发动机冷却液温度传感器读数大于 18 ℃；

（4）空气流量传感器读数应在 15 g/s 到 32 g/s 之间；

（5）发动机负荷小于 65%；

（6）发动机转速低于 4 000 r/min；

（7）以上所有条件都满足并保持 4 min 以上。

（四）使用要求

使用带有三元催化器的车辆时应注意以下事项，否则容易造成三元催化器过早损坏：

（1）勿使用含铅汽油；

（2）勿长期让发动机急速运转或忽快忽慢；

（3）发现发动机工作不良、功率下降、加速不平顺时，应及时检查发动机各系统并排除故障。

（五）损坏原因

三元催化器的损坏原因主要包括以下几种：

1. 温度过高

三元催化器工作时会产生大量的热，当温度超过 950 ℃时，其内部涂层的催化剂可能会脱落，所以必须排除造成排气温度升高的各种因素，如点火时间过迟、点火次序错乱、断火等。这些因素都会使未燃烧的混合气进入三元催化器，并在高温下进行二次燃烧，导致催化剂载体内部孔道扭曲变形以及其表面黏附的催化材料脱落，影响三元催化器的效能。

2. 慢性中毒

催化剂对硫、铅、磷、锌等元素非常敏感，硫和铅来自汽油，磷和锌来自润滑油，这四种物质及它们在发动机中燃烧后形成的氧化物颗粒很容易被吸附在催化剂的表面，使催化剂无法与废气接触，从而失去催化作用，即所谓的“中毒”现象。

3. 表面积碳

当汽车长期工作于低温状态时，三元催化器无法启动，发动机排出的碳烟会附着在催化剂的表面，使其无法与 CO 和 HC 接触。碳烟长期积累下来就会堵塞载体的孔隙，影响其转化效能。

4. 排气恶化

三元催化器对污染物的转化能力有限。如果排放的废气污染物的浓度或总量过大，比如混合气偏浓等，就会影响催化器的催化转换能力。此外，废气中大量的 HC 和 CO 进入三元催化器后，会在其内部产生过度的氧化反应，氧化反应产生的热量将导致三元催化器由于温度过高而损坏。

六、废气再循环系统

汽车尾气中含有大量的有害气体，如一氧化碳、碳氢化合物、氮氧化合物等。其中氮氧化物中的 NO 和 NO_2 都是具有毒性的气态物质，严重危害人体的健康，也是主要的大气污染物。氮氧化合物还能与碳氢化合物结合，在紫外线照射下发生化学反应，形成有毒的光化学烟雾。光化学烟雾具有特殊气味，刺激人的眼睛，破坏植物的光合作用，并降低大气能见度，危害极大。另外，氮氧化物与空气中的水蒸气结合，生成硝酸和亚硝酸。二者是酸雨的主要成分，酸雨对人体健康、生态系统和建筑设施都有直接和潜在的危害。

为了降低排放中氮氧化合物的含量，减少其对人类和环境的危害，目前许多发动机采用废气再循环（Exhaust Gas Re-circulation，EGR）系统来控制氮氧化合物的生成，如图 3-1-13 所示。

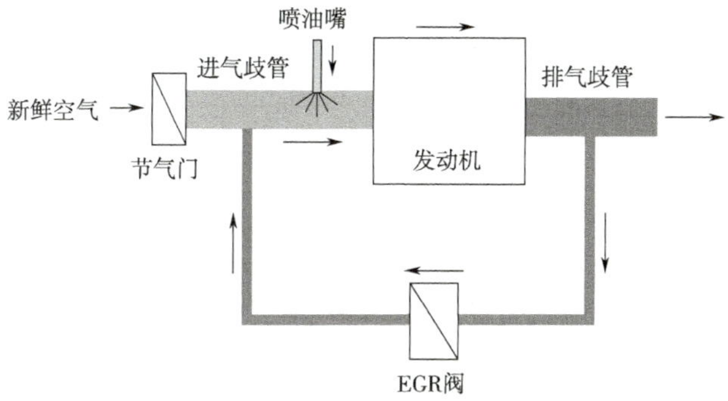

图 3-1-13　废气再循环系统

（一）氮氧化物生成与控制

发动机正常工作时，燃烧室的温度一般在 1 000 ℃以上。当温度接近 1 370 ℃时，燃烧室中的氧气和氮气在高温高压的条件下会生成大量的 NO 和 NO_2。

氮氧化合物的生成条件是高温高压，而破坏其生成条件就可以控制其生成量。汽车发动机通常采取降低燃烧室温度的方法来控制氮氧化合物的生成量。为了使燃烧温度不超过 1 370 ℃，发动机可以通过三种方式来实现：加浓混合气、降低压缩比、稀释混合气。

加浓混合气可以降低可燃混合气燃烧温度的峰值，氮氧化合物的生成量会明显下降。但是，这种方法会增加 HC 和 CO 的生成量，降低燃油经济性，另外还会严重威胁三元催化器的安全，所以一般不采用此方法。

降低压缩比虽然可以降低燃烧温度，但同时也降低了燃烧效率。在压缩比过低时，HC 和 CO 的排放量也会增加。现代汽车发动机不仅要求节能环保，而且要有强大的输出功率。因此，降低压缩比显然不符合要求。

将适量的发动机废气重新引入气缸，可以有效降低氮氧化合物的生成。废气进入燃烧室能够挤占可燃混合气的空间，减少混合气中氧气的含量，从而降低可燃混合气燃烧时产生的热量。同时，废气中的大量 CO_2 不能参与燃烧却能够吸收大量的热，使燃烧室的温度降低，从而降低氮氧化合物的生成量。EGR 系统主要利用废气稀释混合气的方法来控制氮氧化合物生成。

（二）EGR 阀的类型与结构

EGR 系统中最关键的部件是 EGR 阀，用来控制发动机废气进入进气歧管的流量。它被安装在发动机废气从排气歧管通向进气歧管的通道中间。在直列发动机中，EGR 系统通常在发动机外部使用金属管道将废气从排气歧管引入到 EGR 阀，此通道设计较长，用以降低废气的温度。V 型发动机一般使用交叉进气歧管，歧管内部有气道经过 EGR 阀连通排气歧管。

常见的 EGR 阀分为膜片式和电磁式两种类型。膜片式 EGR 阀有正背压和负背压两种类型。电磁式 EGR 阀包括数字式和线性式两种。

七、二次空气喷射系统

二次空气喷射系统（如图 3-1-14 所示）是一种尾气排放控制技术，用以减少排气中的 HC 和 CO 的排放量。其工作原理是利用空气泵将新鲜空气送入发动机排气管内，从而使排气的 HC 和 CO 进一步氧化和燃烧，即把导入的空气中的氧在排气管内与排气中的 HC 和 CO 进一步化合形成水蒸气和二氧化碳，从而降低排气中的 HC 和 CO 的排放量。

二次空气喷射系统的功能是在一定工况下将一定量的新鲜空气送入排气管，促使发动机排出废气中的 CO 和 HC 进一步氧化，从而降低汽车废气中有害物的排放量。启动工况下，二次空气喷射系统还可以加快三元催化器升温，使发动机尽快进入空燃比闭环控制过程，从而改善发动机的工作性能。

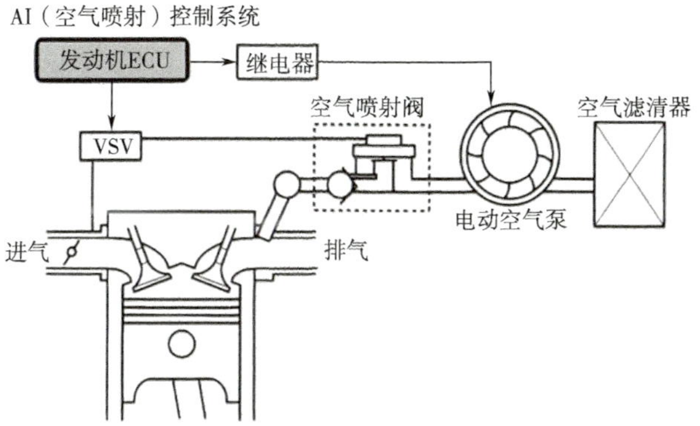

图 3-1-14　二次空气喷射系统

八、蒸发排放系统

由于汽油蒸发性强，燃油箱中的汽油受热容易蒸发，形成汽油蒸气。燃油箱内的汽油蒸气如果不能及时排出，将导致燃油箱内压力异常、供油管中产生气阻等故障。而汽油蒸气直接排放到大气中，会导致大气层中的臭氧减少，出现污染环境的光化学烟雾。因此，现代汽车都配置了蒸发排放控制系统（EVAP），以此来收集并储存汽油蒸气，然后引入发动机气缸内燃烧掉。

燃油蒸发排放控制系统能够将汽油蒸气从燃油箱导入炭罐，以便在发动机不运行时储存汽油蒸气。当发动机运行时，炭罐中的汽油蒸气被吸进发动机进气歧管并进入气缸燃烧。燃油蒸发排放控制系统，既能够保证汽油蒸气不会排放到大气中污染环境，又能够保证汽油蒸气得到充分利用，节约能源。

根据功能强度不同，蒸发排放控制系统分为普通型（见图 3-1-15）和增强型（见图 3-1-16）两种。两者在结构和功能上稍有不同：增强型蒸发排放控制系统在普通型

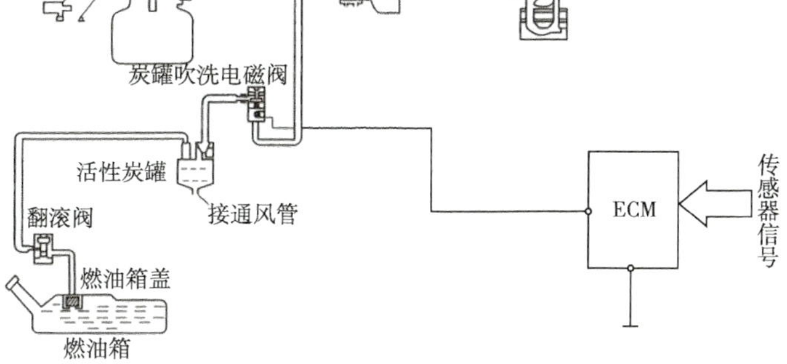

图 3-1-15　普通型蒸发排放控制系统

结构的基础上增加了传感器和执行器，通过传感器的反馈信号，ECM 可以监测系统性能并控制执行器及时调节燃油箱内部的压力；而普通型蒸发排放控制系统无法调节燃油箱内部的压力，当系统出现泄漏或燃油箱盖未拧紧时，ECM 也不会生成相关故障码。

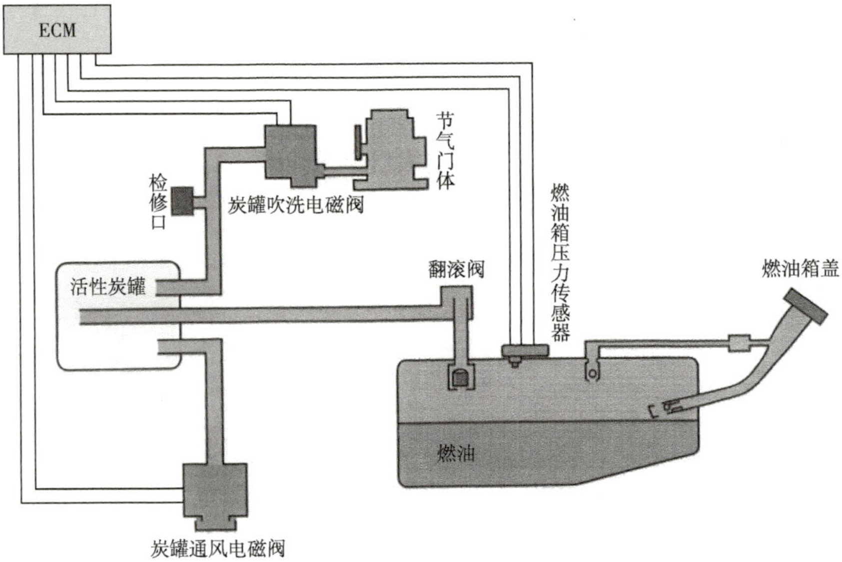

图 3-1-16　增强型蒸发排放控制系统

九、曲轴箱强制通风系统

活塞在气缸内做循环往复运动时，无论哪种活塞环都不能完全将燃烧室与曲轴箱分离开来。因此，在发动机运行时，总有一小部分气体从燃烧室内部经活塞环进入曲轴箱，这部分气体被称为曲轴箱窜气，是含有 HC 及其他部分未完全燃烧污染物的混合气。

这部分混合气直接排放到大气中也是对环境的污染，如果积累起来则会污染润滑油并使封闭的曲轴箱内部压力升高，过高的压力会导致曲轴箱内部的油封漏油。因此，必须要将曲轴箱窜气从曲轴箱中排放出来。曲轴箱强制通风（Positive Crankcase Ventilation，PCV）系统可以将曲轴箱窜气导入发动机气缸进行二次燃烧，从而消除其危害（见图 3-1-17）。

十、排气歧管

排气系统将发动机气缸中燃烧后的废气经排气门排入排气歧管，再经排气管、三元催化器、消声器等，最后将废气排入到大气中（见图 3-1-18）。

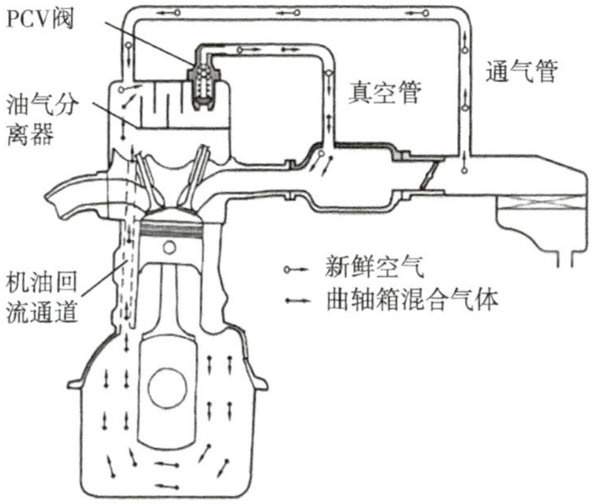

图 3-1-17　曲轴箱强制通风系统原理

图 3-1-18　排气歧管

一般的排气歧管都是由铸铁或球墨铸铁制成，而不锈钢排气歧管质量轻、内壁光滑、排气阻力小，越来越多的车辆开始采用不锈钢排气歧管。

在实际发动机中我们可以观察到很多车辆的排气歧管不是规则的形状，而是呈现出很多弯曲和扭曲的形状，特别是对发动机动力性要求较高的赛车和跑车。

这是由于各缸的排气口比较接近，为了防止各缸在排气的时候受相邻两缸排气气流的干涉或废气回流现象的影响，进而影响发动机功率，将排气歧管设计成这样的。因此，排气歧管的形状也是非常重要的。

经过大量的试验和总结，我们发现，要想使各缸的排气互不干扰，不出现废气倒流的现象，应将排气歧管做得尽可能地长，且各缸排气歧管应该相互独立，各歧管长度尽可能相等，排气歧管内壁尽可能光滑，以此来达到良好的排气性能和动力性。

【制订计划与实施计划】

根据任务描述及知识储备相关内容进行实施计划的制订和决策，并在实施过程中完成学生工作手册相关内容的填写，具体实施计划可通过扫描二维码参照执行。

项目三任务一

【知识链接】

随着技术的进步和发展，涡轮增压发动机越来越被广大消费者所接受。其中，废气涡轮增压技术在家用轿车中的应用最为广泛。涡轮增压技术通过增加进气压力来提高充气效率，从而使燃油燃烧得更加充分，以提升汽车动力性能。同时，在动力性相同的情况下，涡轮增压车的二氧化碳排放量比自然吸气汽车更少，从而降低对环境的影响，并提供更好的驾驶体验。

为使涡轮增压车辆能更好地工作，在平时使用中要注意以下事项：

一、忌怠速时间过长

怠速时，发动机转速低，涡轮增压器转速也很低，涡轮和压气机内的气体压力低于轴承体内压力，会出现机油向两端的压气机和涡轮泄漏的现象。轴承得不到相应的润滑和冷却，同时漏入压气机的机油可能会进入气缸影响发动机的正常工作。因此，涡轮车应避免长时间怠速，以免增加机油损耗和发动机故障。

二、避免起步猛踩油门

涡轮增压车刚启动后不要猛踩油门，以免增压器在未得到充分润滑时就高速运转，这样很容易损坏增压器油封。可以原地怠速一会儿，待增压器转子轴承得到充分润滑后再加大油门，这样加速的效果会更好。

三、忌停车立即熄火

停车后不能立即熄火，尤其是在长时间高速、高负荷运转后，发动机热机状态下如果突然停机，会引起涡轮增压器内滞留的机油过热结焦而损坏轴承，在熄火前最好怠速一两分钟。一些车型有延迟冷却功能则可以不用担心。

四、忌乱换机油

选择优质的机油很重要，但不能乱换机油。涡轮的转速通常会高达 150 000 r/min

以上，涡轮车对机油要求很高，如果机油使用不当，很容易影响涡轮的寿命，一定要选择厂家指定的或者更高品质的符合厂家要求的机油黏度等级的机油，对涡轮增压器和发动机提供良好润滑，从而减小摩擦、降低磨损。

五、定期清洗润滑油管路

增压器经常于高温下运转，它的润滑油管线因受高温作用，内部机油很容易发生部分的结焦，这样会造成增压器轴承的润滑不足进而损坏。因此，润滑油管线在运行一段时间后要进行清洗。

六、不要乱加汽油

涡轮车吸入增压空气，气缸内部的压力远超自吸发动机，为了抑制爆震，涡轮车对汽油的抗爆性有更高的要求。低于规定标号的汽油会使发动机产生爆震，甚至可能缩短发动机寿命。因此，涡轮车不建议加低于规定标号的汽油。

【任务总结与思考】

一、故障分析与总结

对本次任务实施过程及结果的评价详见学生工作手册相关内容。

通过以上对燃油修正的分析，可知道这辆丰田卡罗拉轿车空气流量数据流偏小，燃油修正系数显示为系统正在加浓混合气，说明该车实际混合气较稀，然后分析哪些原因可能导致该车混合气较稀。引起混合气较稀的原因有很多，因为系统显示无故障码，所以可排除传感器及相关电子控制系统的原因。

在检查进气系统管路时，发现进气系统管路上与气缸盖罩相连的强制通风软管接头损坏，该处损坏可以造成进气系统漏气。维修人员即对该处进行维修更换，更换接头后再重新读取发动机运行数据流，数据流恢复到正常值，进一步试车时发现之前所述的故障现象消失。可见，故障就是发动机进气管路与气缸盖罩之间的强制通风橡胶管接头老化损坏造成进气系统漏气。

二、思考题

（1）归纳总结进、排气系统的检查内容。

（2）在进、排气系统检查过程中，有哪些注意事项？

（3）在拆卸发动机进、排气系统检查过程中，我们有什么收获？

【思政园地】

杨金龙——工匠精神成就世界技能大赛冠军

杨金龙，世界技能大赛汽车喷漆项目金牌获得者，为中国实现了这个赛项金牌零的突破。22 岁的他已是杭州技师学院最年轻的教师。

杨金龙的老家在云南省保山市，他上学时家里的年收入仅 3 000 余元。2009 年，杨金龙初中毕业，受家庭条件影响，15 岁的他选择了不需要学费的技校继续求学。

“我上学前都没有摸过汽车，但一碰到各种颜色的油漆我就着魔了。”杨金龙笑着说，“喷漆看着简单，其实很复杂，包括对车身打磨抛光、调漆、喷漆和烤漆等很多步骤。”

喷漆的好坏有一个重要指标是油漆是否均匀。按照世界技能大赛的要求，油漆的厚度上下误差不超过 0.01 mm，相当于一根头发直径的 1/6 左右，而油漆一般要喷五六层以上。如此苛刻的要求带来的技术难度可想而知。

杨金龙表示，他有点倔，做一件事情就要做到最好。“以前的手工艺人都是工匠，追求精益求精，我们这代人要把这种精神找回来。”

在校期间，杨金龙获得了浙江省职业院校汽车运用与维修汽车涂装一等奖，全国职业院校汽车运用与维修汽车涂装二等奖等成绩。2012 年，杨金龙毕业后被一家奥迪 4S 店挑中，凭借出色技术，工资一路上涨。

但是，杨金龙更痴迷于技术的进步。2014 年，当母校邀请他回学校参加世界技能大赛国内选拔赛时，他辞去工作返回学校训练。

长达一年半的高强度集训极为枯燥艰辛，也正是在这个过程中，他体会到工匠精神的内涵。

2015 年他以该项目国内第一的身份参加在巴西举行的第 43 届世界技能大赛并获得金牌，为我国实现了该赛事金牌零的突破。颁奖仪式上，杨金龙身披国旗，非常激动。

如今，杨金龙是浙江省第一个也是唯一的特级技师，被破格提拔为杭州技师学院教师，享受教授级高级工程师待遇。

杭州技师学院院长邵伟军说，未来技能人才不再是传统意义上的农民工，而是制造业中的技术先锋，是国家打造制造业强国的中坚力量。

任务二　汽油机燃油供给系统的结构与检修

【任务目标】

知识目标

1. 通过查阅资料，了解汽油的特性、混合气以及混合气浓度对汽油发动机的影响
2. 理解供油系统的作用、结构组成、部件的类型及原理
3. 掌握汽油机电控燃油喷射系统的组成、类型、喷射方式及喷油模式

能力目标

1. 通过查阅资料，向组员描述不同可燃混合气浓度对发动机所产生的影响
2. 查阅资料，说出燃油供给系统各部件的作用、所在位置
3. 查阅相关资料，根据实训车辆描述燃油的流动路径
4. 查阅资料，根据维修手册要求，正确使用工具及设备对燃油供给系统进行检查
5. 对燃油供给系统进行初步的故障诊断和检修

素养目标

1. 全面了解汽油机燃油供给系统的结构与检修的目标、需要完成的作业，在任务实施过程中进行自我管理、做好过程记录、符合 7S 管理规范

2. 积极主动查阅维修手册、汽车发动机构造与维修等相关资料，与组员相互配合、有效沟通，并在规定时间内完成汽油机燃油供给系统的结构与检修任务所需知识的收集、整理和归纳

3. 完成汽油机燃油供给系统的结构与检修任务的分配或服从组长安排，与组员相互讨论，采纳其他人员的合理建议并共同完成任务实施计划的制订

4. 在任务实施过程中公平、公正地评价任务实施情况，对不合理、不规范的操作进行客观点评，养成良好的职业道德修养

5. 改正汽油机燃油供给系统的结构与检修任务实施中出现的不合理、不规范的操作并反复训练，做到精益求精，争做汽车维修行业高技能人才

【任务描述】

一辆速腾轿车，行驶了 180 000 km，出现启动困难、怠速不稳、加速无力、易熄火等故障现象，尤其是在打开空调制冷模式之后。经初步检查，并与车主沟通，该车从来没有更换过燃油滤芯，而且长时间加注廉价汽油。因此，维修人员判断故障部位可能在燃油供给系统。

该车为什么会出现启动困难、怠速不稳、加速无力、易熄火等现象呢？故障是否与长时间不更换燃油滤芯和加注廉价汽油有关？要想弄明白这些问题，除了要明白发动机的工作原理，还要进一步了解燃油供给系统的结构，了解燃油压力、负荷、混合气浓度等因素对发动机的影响。下面一起来认识一下汽油机燃油供给系统，并学会对汽油机燃油供给系统进行检修。

【知识储备】

汽油使用性能的好坏对发动机的动力性、经济性、可靠性和使用寿命都有较大影响。为了提高其使用性能，大多数汽油均依据当地的气候条件或海拔高度等因素加入了各种添加剂。由于汽油是易挥发、易燃、易爆的液体，在使用中注意安全是非常重要的。

燃油供给系统的任务是向发动机提供清洁、充足、稳定且以恒定的压差喷入进气歧管或燃烧室的燃油，以满足发动机所有工况的需要。因此，汽油机燃油系统应具有滤清并输送燃油、控制燃油喷射和储存燃油的功能。电控燃油供给系统包括燃油箱、燃油泵、燃油滤清器、进油管、回油管、燃油导轨、喷油器和燃油压力调节器等部件。

燃油供给系统的工作过程是：当发动机工作时，电动燃油泵将汽油从燃油箱内吸出，经过燃油滤清器的过滤后送入输油管，再由输油管送至各缸喷油器，并通过燃油压力调节器的调节，保证燃油系统的绝对压力与喷油器出口处的进气歧管的压力差恒定，并将其中多余的燃油通过燃油压力调节器再回流到燃油箱。

一、汽油的特性

（一）蒸发性

蒸发性是指汽油由液态变为气态的难易程度。汽油蒸发性受温度的影响比较大，温度越高，汽油越容易蒸发。良好的蒸发性可以使汽油与空气在非常短的时间内完成混合，供发动机使用。如果蒸发性不好，汽油不能完全蒸发，会使燃烧不完全，燃油消耗量变大，有害物排放增加，同时部分燃油会稀释机油，使润滑变差；如果蒸发性太好，容易在汽油供油管路中形成气阻，使供油不畅，影响发动机的正常工作。

（二）抗爆性

可燃混合气在燃烧室内火花塞点火之前燃烧，或者在火花塞点火后，燃烧室内同时还有其他着火点，使燃烧室内燃烧压力急剧增高，产生强烈的振荡，并发生清脆的金属敲击声，人们把这种不正常的燃烧称为爆燃。爆燃会使发动机爆震（也称敲缸）。爆震会使发动机过热，功率下降，磨损加剧。因此人们要求汽油有一定的抗爆震性，在燃烧室内不发生爆燃，把汽油在燃烧室内不发生爆燃的能力称为抗爆性。

汽油的抗爆性用辛烷值来衡量，辛烷值越高，抗爆性越好。国产汽油的标号，如92号汽油、95号汽油，它们的辛烷值分别不小于92和95。测定汽油辛烷值时，通常用异辛烷（辛烷值为100）和正庚烷（辛烷值为0）的混合液与待测定的汽油作比较，当混合液与待测汽油的抗爆程度相同时，则混合液中异辛烷含量的体积分数就是被测汽油的辛烷值。例如，95号汽油的抗爆性与含有95%（体积分数）的异辛烷和5%的正庚烷的混合物的抗爆性相同。

二、可燃混合气浓度对发动机工作的影响

可燃混合气中空气与燃料的混合比例称为可燃混合气浓度，常以过量空气系数 α 或空燃比 A/F 表示，它是发动机正常运行的重要因素。

（一）混合气浓度

（1）燃烧1 kg燃油实际供给的空气质量与理论上完全燃烧1 kg燃油所需的空气质量的比值称为过量空气系数，记作 α。即：

$$\alpha = \frac{\text{燃烧 1 kg 燃油实际供给的空气质量}}{\text{理论上完全燃烧 1 kg 燃油所需的空气质量}}$$

$\alpha=1$ 的可燃混合气称为理论混合气；$\alpha>1$ 的可燃混合气称为稀混合气；$\alpha<1$ 的可燃混合气称为浓混合气。

（2）可燃混合气中空气质量与燃油质量之比称为空燃比，记作 A/F。即：

$$A/F = \frac{\text{空气质量(kg)}}{\text{燃油质量(kg)}}$$

$A/F=14.7$ 的可燃混合气称为理论混合气；$A/F>14.7$ 的可燃混合气称为稀混合气；$A/F<14.7$ 的可燃混合气称为浓混合气。

（二）混合气浓度对发动机的影响

试验证明，汽油蒸气与空气的混合不可能绝对均匀，$\alpha=1$ 的混合气也不可能完全燃烧。

（1）当混合气为过量空气系数 $\alpha=0.85\sim0.95$ 的稍浓混合气时，燃烧温度最高，燃烧速度最快，热损失最小，做功能力最强，称为“功率混合气”或“动力混合气”。

（2）当混合气为过量空气系数 $\alpha=1.05\sim1.15$ 的稍稀混合气时，燃烧速度和燃烧温度降低不多，而且有足够的空气使燃料能完全燃烧。此时，燃油消耗率最低，称为“经济混合气”。

（3）当混合气为 $\alpha\leqslant0.95$ 的过浓混合气和 $\alpha\geqslant1.15$ 的过稀混合气时，燃烧速度减慢、燃烧温度降低，都会使发动机功率降低，燃油消耗率升高，排放恶化。同时，过

浓混合气将产生大量 CO 和 CH 化合物，也容易产生积炭。

(4) 当混合气浓至 $\alpha=0.4\sim0.5$、稀至 $\alpha=1.3\sim1.4$ 时，火焰就不能传播。此时，混合气不能被点燃，被称为火焰传播界限。

实际上，保证汽油机能够可靠、稳定燃烧的混合气浓度变化范围较上述火焰传播界限更窄，过量空气系数仅为 0.6~1.2，即空燃比为 9~18。因此，不管是已被淘汰的化油器式汽油机还是电控燃油喷射式汽油机，都只能靠改变进气系统内节气门的开度，控制进入气缸内的混合气数量来调节功率输出，以适应负荷的变化，这种功率的调节方式称为“量调节”。

结合发动机工作的实际情况，发动机应在冷启动、急加速这两个工况下采用极浓混合气，以适应发动机的工作；在大负荷、全负荷及怠速工况下采用过浓混合气；在小负荷工况下采用稍浓混合气；在中等负荷下则采用最佳经济混合形式。

三、汽油机燃油供给系统的组成

电控燃油供给系统主要包括燃油箱、燃油泵、燃油滤清器、进油管、回油管、燃油导轨、喷油器和燃油压力调节器等部件。

（一）燃油箱

燃油箱用于存储汽油，通常由金属或聚乙烯制成。燃油箱一般安装在底盘后部靠近后桥的位置（见图 3-2-1），发生交通事故时，车架纵梁和车身能够有效地保护燃油箱。

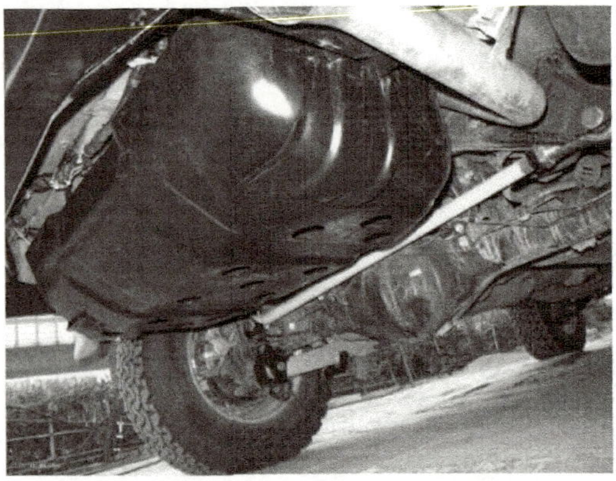

图 3-2-1 燃油箱的安装位置

燃油箱上部安装有加油口，加油口用带阀门的盖子进行封闭，采用全密封式加油口盖的燃油箱系统拥有独立的压力阀和真空阀，可以保持和释放燃油箱内部的压力，防止燃油箱内产生的真空阻碍燃油的供应或者使燃油箱产生变形。

车辆行驶中产生的振荡有可能外溢，所以燃油箱内部都装有隔板。燃油箱内部上表面一般装有燃油液位传感器，用来检测燃油液面高度，当液面过低时，给予驾驶员警示信息。燃油箱里面装有电动燃油泵，其泵出的燃油经进油管通过燃油滤清器进入燃油导轨。

燃油箱都有一个或多个单向阀，通常安装在回油管、蒸发通风管或燃油箱盖上。单向阀可以使燃油在车辆侧翻或碰撞时不发生泄漏，以免引发更大的危害。

有些车辆除了有翻滚泄漏保护装置以外，还装备了燃油泵自动停止装置，当车辆发生交通事故时，燃油泵会自动停止工作。另外，现代汽车燃油泵通常基于发动机转速信号或机油压力信号工作，如果发动机熄火，燃油泵就会停止运转。

（二）燃油泵

当前汽油发动机大都采用电子燃油泵，电子燃油泵是由小型电机驱动的。它将燃油泵入输油管，并建立燃油压力。电子燃油泵包括滚柱式（含叶片式）、涡轮式和变排量式。目前大多数车辆使用滚柱式（含叶片式）或涡轮式燃油泵，少部分车辆选用变排量式燃油泵。涡轮式燃油泵相比滚柱式燃油泵，其工作转速更高，噪声更小。变排量式燃油泵可以根据发动机的工况改变泵油量，节约能源，同时也延长燃油泵的使用寿命。

1. 滚柱式

滚柱式燃油泵的工作原理见图 3-2-2。装有滚柱的转子被偏心地安置在泵体内，转子旋转时，位于凹槽内的滚柱在离心力的作用下压靠在泵体的内表面上，对周围起密封作用，相邻两个滚柱之间形成一个密封的空腔。在燃油泵运转过程中，一部分空腔的容积不断增大，成为低压吸油腔，而另一部分空腔容积不断减小，成为高压加压腔。受压的燃油通过出油口被挤压出去。燃油泵工作时，燃油持续地流经燃油泵壳体并进入输油管路，可以对燃油泵进行冷却。但是燃油耗尽以后，如果继续运行燃油泵，将会导致燃油泵因发热而烧坏。

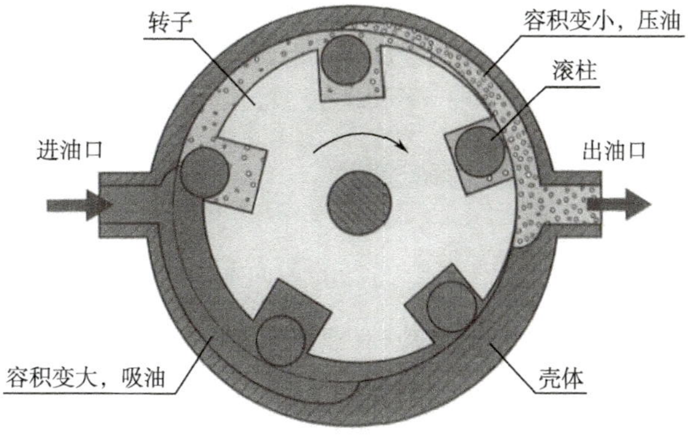

图 3-2-2　滚柱式燃油泵的工作原理

多数燃油泵的出口处都设有单向阀。单向阀可以保证发动机关闭时燃油管路中仍存有一定的残余压力，残余油压可以使发动机下一次顺利启动，并防止气阻产生。

2. 涡轮式

涡轮式燃油泵分为单级和双级两种结构形式。小排量发动机一般采用单级涡轮式燃油泵，而大排量发动机采用双级涡轮式燃油泵的较多（见图 3-2-3）。

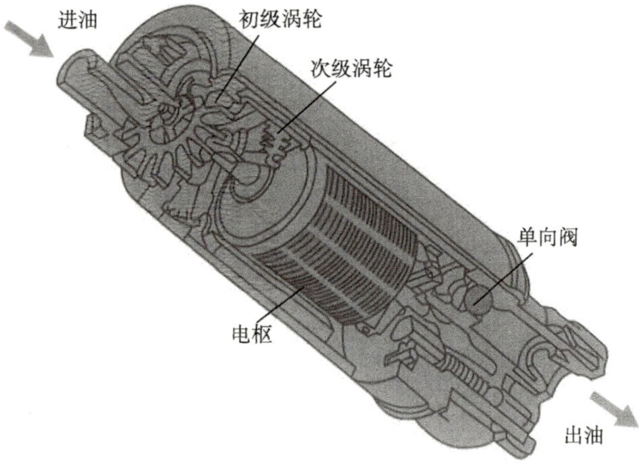

图 3-2-3　双级涡轮式燃油泵的结构

3. 变排量式

当发动机不需要最大供油量时，降低燃油泵的转速是降低噪声、节能、减少燃油泵磨损的一种有效方法。变排量式燃油泵利用在燃油泵控制回路中串入电阻来降低燃油泵的工作电压，使其转速降低，供油量和供油压力随之下降。有些发动机则采用占空比的方式控制燃油泵工作电压，以实现燃油泵转速的可调节性。

（三）燃油液位传感器

燃油液位传感器通常集成在燃油泵总成上（见图 3-2-4），用于检测燃油箱中燃油的储存量，并将燃油储存量信息转变为电压信号传送给发动机控制模块或组合仪表。燃油液位传感器是一个滑片变阻器，浮子的位置随油面变化而变化，并带着变阻器的滑片移动，以改变变阻器的阻值。

燃油液位越低，变阻器阻值越大，信号电压越高；反之，燃油液位越高，变阻器阻值越小，信号电压越低。燃油液位传感器的最大阻值约 300 Ω，随着油面的变化，其阻值通常在 20 Ω 到 300 Ω 之间变化，信号电压在 0.5 V 到 3.5 V 之间变化。

（四）燃油滤清器

燃油滤清器通常安装在燃油泵与燃油导轨之间的进油管中，可以有效过滤燃油中的灰尘、碎屑、水分及其他杂质，防止它们进入燃油导轨堵塞喷油器。燃油滤清器由滤芯和壳体组成，壳体通常用金属或塑料制造，滤芯一般是纸质滤芯。大多数的燃油滤清器可以过滤 10～20 μm 或更大尺寸的颗粒杂质。所有滤清器的使用寿命都是有限的，应该遵循厂商的建议定期更换，更换周期通常为 48 000～160 000 km。

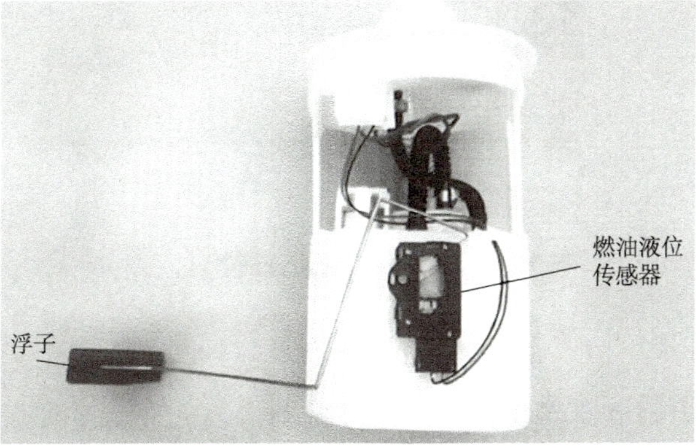

图 3-2-4　燃油液位传感器

燃油滤清器上一般标有燃油流动方向指示（见图 3-2-5），安装时不可装反。如果装反，发动机会出现类似排气管堵塞的故障现象，即发动机在高转速和大负荷时输出功率变低。

图 3-2-5　燃油滤清器上的燃油流动方向指示

（五）燃油分配管

发动机所有气缸的喷油器都连接着一根公共的矩形或圆形截面的油管，这条油管简称为燃油导轨或燃油分配管（见图 3-2-6）。其主要作用是将压力均匀的燃油分配给各个喷油器。燃油导轨的一端连接进油管，另一端连接燃油压力调节器。燃油压力调节器底部连接回油管，在调节油压过程中，燃油导轨内过多的燃油通过燃油压力调节器和回油管流回燃油箱。

（六）燃油压力调节器

发动机燃油供给系统通过燃油压力调节器稳定喷油压力（即燃油导轨内部油压与进气歧管真空度的压力差），使电子燃油喷射系统只通过控制喷油器的喷油时间就可精确控制喷油量。燃油压力调节器分为两种类型：真空式和恒压式。

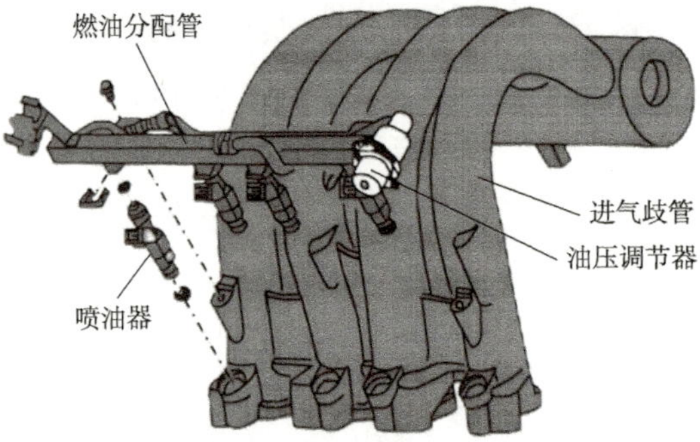

图 3-2-6　燃油分配管

1. 真空式

真空式燃油压力调节器安装在燃油分配管上，其上部连接真空软管，将进气歧管内的压力引入其真空室中，其下部连接回油管，将燃油导轨多余燃油输送回燃油箱，如图 3-2-7 所示。因此，这种形式的供油系统称为有回油式燃油供给系统。

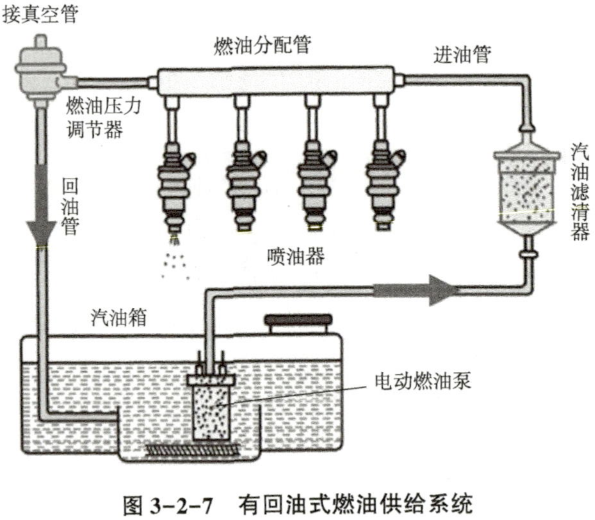

图 3-2-7　有回油式燃油供给系统

真空式燃油压力调节器内部结构如图 3-2-8 所示。燃油压力调节器有一个金属壳体，中间通过一个膜片将壳体内腔分成一个燃油室和一个真空室。真空室上部由真空软管连接至进气歧管，真空室内装有一个带预紧力的螺旋大弹簧（预紧力为 250 kPa），并作用在膜片上。燃油室的侧面与燃油导轨相通，燃油可以进入燃油室，燃油室内部有一根金属输油管，输油管的下端连接回油管，上端的进油口被膜片上的球阀压住，防止燃油室内的燃油通过输油管进入回油管。球阀上面有一个小弹簧，在燃油压力调节器不工作时，将球阀压在输油管进油口上，关闭进油通道。

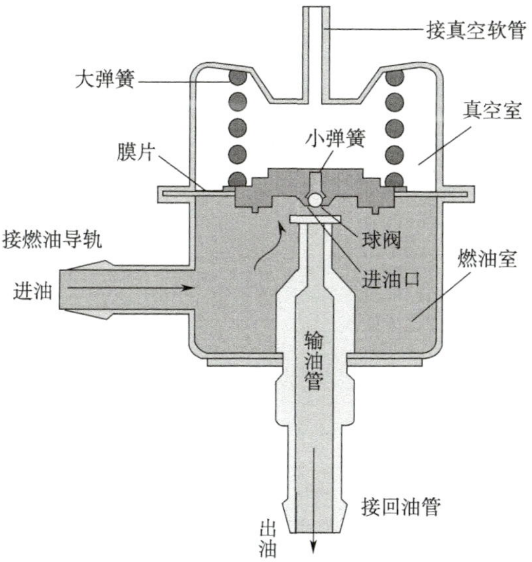

图 3-2-8　真空式燃油压力调节器

真空式燃油压力调节器可以使燃油导轨内部油压随着进气歧管的压力变化而变化，以保证喷油器的喷油压力恒定，即喷油压力 ΔP_X（250 kPa）= 燃油导轨油压 P_1-进气歧管压力 P_2，其关系如图 3-2-9 所示。

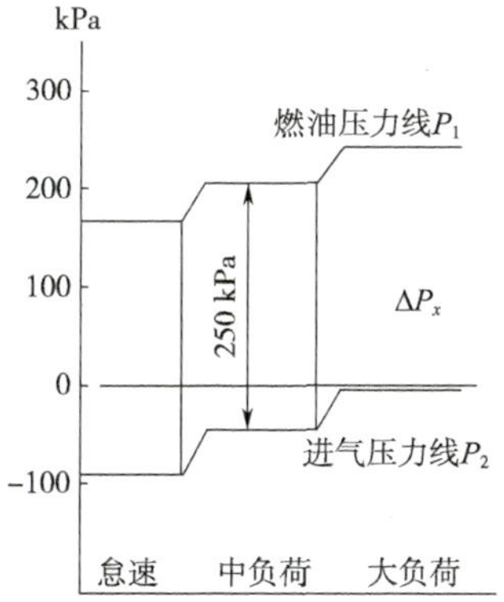

图 3-2-9　真空式燃油压力调节器压力调节

当发动机停机时，进气歧管内真空度为零，真空室内的大弹簧将膜片上的球阀紧压在燃油室输油管进油口上，关闭燃油室内燃油进入输油管的通道。

当发动机减速或怠速运行时，节气门开度减小，进气歧管的真空度增大，真空吸力克服大弹簧的弹力将膜片从输油管上端移开，打开输油管的进油口，燃油导轨内过剩的燃油通过输油管和回油管流回燃油箱。此时，燃油导轨内部油压下降，与进气歧管的压力差值保持在 250 kPa。

当发动机高速运行时，节气门开度增大，进气歧管的真空度减小，在真空室大弹簧的弹力作用下，膜片上的球阀逐渐靠近并压紧输油管进油口。在此过程中，燃油导轨内燃油压力逐渐增大，进气歧管真空度逐渐减小，两者的压力差值仍然保持在 250 kPa。

通过燃油压力调节器的调节，在发动机不同工况下，燃油喷射系统的喷油压力始终保持恒定。ECM 在此基础上通过控制喷油器的喷油脉宽（即喷油器的通电时间）就可以实现对喷油量的精确控制。

2. 恒压式

恒压式燃油压力调节器通常安装在燃油箱内部或燃油滤清器内部，燃油分配管上不再安装回油管，从燃油箱到燃油导轨只有一条进油管，这种形式的供油系统称为无回油式燃油供给系统，如图 3-2-10 所示。燃油压力调节器工作时的回油是在油箱内或燃油滤清器回油管中完成的，从而避免了回油吸热导致油温升高的现象。

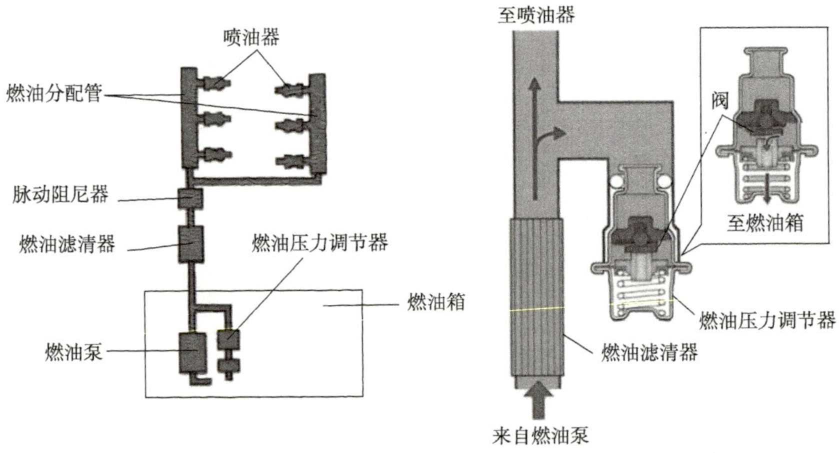

图 3-2-10　无回油式燃油供给系统

恒压式燃油压力调节器调节的油压与其内部泄压阀弹簧的预紧力有关。当燃油压力小于 350 kPa 时，泄压阀弹簧会将阀门压紧在阀座上；当燃油压力大于 350 kPa 时，高压燃油会克服弹簧力，将阀门顶开，多余的燃油会从回油口泄压到燃油箱。燃油导轨内的油压一般在 325 kPa 至 415 kPa 之间，较高的燃油压力可以防止燃油蒸气形成气阻。

（七）喷油器

喷油器的作用是按照发动机控制单元（ECU）的喷油脉冲信号，将一定量的燃油以雾状小液滴喷入进气歧管或直接喷入燃烧室内。

喷油器按照喷射类型分为单点喷射和多点喷射；按照喷口形式不同可分为孔式喷

油器和轴针式喷油器；按喷油器电磁线圈电阻不同可分为高阻抗式喷油器（13～16 Ω）和低阻抗式喷油器（3～4 Ω）；按照驱动方式可分为电压驱动式喷油器和电流驱动式喷油器。

电压驱动是按照 ECU 输出的电压信号驱动喷油器开启；电流驱动是按照 ECU 输出的较大电流驱动喷油器开启。电流驱动只适用于低电阻型喷油器；电压驱动既适用于低电阻型喷油器，也适用于高电阻型喷油器。只是，低电阻型喷油器采用电压驱动方式时，必须加入附加电阻，这样可减小工作时流过线圈的电流，以防线圈发热而损坏（见图 3-2-11）。

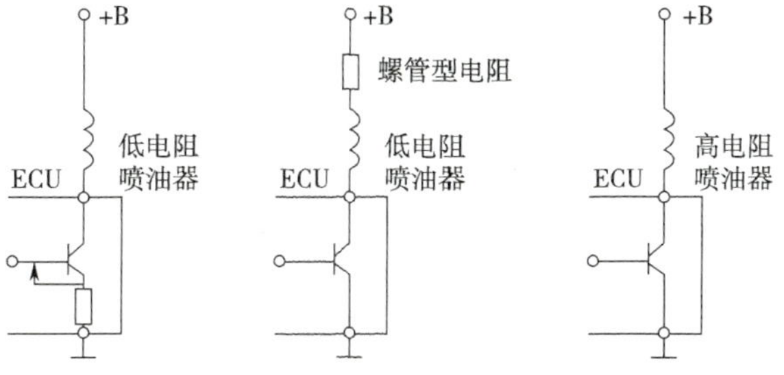

图 3-2-11　喷油器驱动方式

电子燃油喷射系统的喷油器，其内部有电磁线圈、弹簧、针阀/球阀等（见图 3-2-12）。ECM 激活喷油器电磁线圈，针阀阀芯因电磁吸引力被提起，燃油从滤网进入喷油器，然后经喷孔喷射进入进气歧管中。大多数喷油器由上部供油，燃油流经整个喷油器，以实现对喷油器的冷却和润滑。

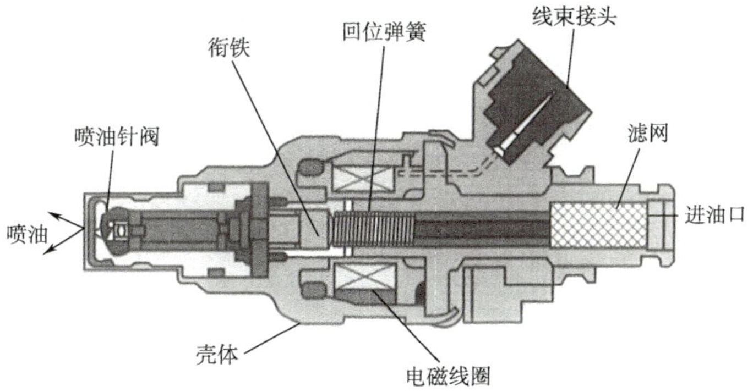

图 3-2-12　电子燃油喷射系统

使用燃油压力调节器能始终保持燃油导轨内部油压与进气歧管真空度的压力差恒定，ECM 每次激活喷油器的开度都是相同的。因此，对于特定型号的喷油器，只需控制喷油器的开启持续时间就可以确定精确的喷油量了。

【制订计划与实施计划】

根据任务描述及知识储备相关内容进行实施计划的制订和决策，并在实施过程中完成学生工作手册相关内容的填写，具体实施计划可通过扫描二维码参照执行。

项目三任务二

【知识链接】

一、燃油压力测试仪简介

燃油压力测试仪用于测量燃油供给系统的压力，判断电动汽油泵、油压调节器等燃油系统元件的工作情况，是对燃油系统进行检查和故障诊断的专用工具（见图 3-2-13）。

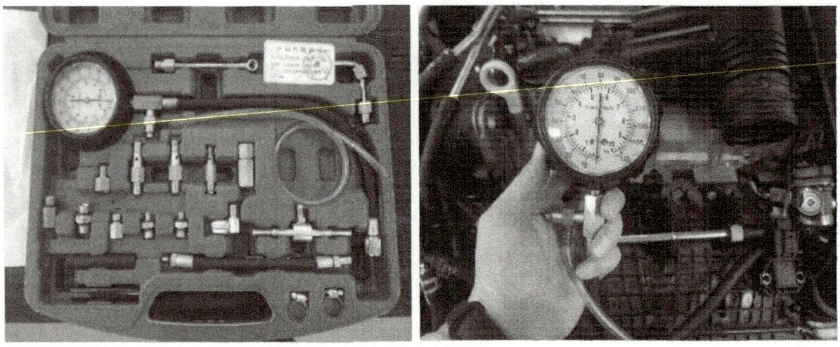

图 3-2-13　燃油压力测试仪及连接

二、燃油压力测试仪的正确使用方法

（1）拔下油泵熔断丝（或继电器）或电动燃油泵电线接线。

（2）启动发动机，维持怠速运转，使发动机自行熄火。

（3）再启动 1~2 次，完全释放燃油系统压力和残余燃油。

（4）关闭点火开关，并拆下蓄电池负极。

（5）使用卡箍钳拆下进油管。

（6）选择合适的接头，将燃油压力测试仪连接到拆下来的供油管上，并清除溢出的燃油，连接蓄电池负极。

（7）测量油泵最大供油压力：将点火开关置于 ON 挡，读取燃油表上显示的燃油压力，与维修手册对比看是否合格。

（8）测量发动机怠速时的燃油压力：启动发动机，测量怠速时的燃油压力，与维修手册对比看是否合格。

（9）测量保持油压：启动发动机后停止发动机，等待 5 分钟后，测量燃油压力保持情况，与维修手册对比是否合格。

（10）按照与拆卸时相反的顺序复原燃油系统，并整理燃油压力测试仪。

三、燃油压力测试仪使用注意事项

（1）启动发动机前注意挡位应在驻车挡位（手动挡在空挡），手刹处于拉起状态，同时注意发动机舱附近人员。

（2）操作燃油系统时要非常小心，操作不当有可能引起火灾和人身伤害事故。操作时应佩戴护目镜，及时使用压缩空气吹干滴落的汽油。

【任务总结与思考】

一、故障分析与总结

对本次任务实施过程及结果的评价详见学生工作手册相关内容。

该速腾轿车出现启动困难、怠速不稳、加速无力、易熄火等现象，特别是开空调后，压缩机工作，发动机负荷较大，这些现象都是动力不足引起的。因此，首先怀疑燃油系统内部燃油压力偏小，在实际检测中发现供油压力确实过低，判断得到证实。随后对燃油系统主要部件进行了目视检查，没有发现明显的泄漏情况。

进一步检查燃油供给系统，发现燃油滤清器前的压力值为 5 bar，燃油滤清器后的压力值为 1.5 bar，前后压力不一致，判断燃油滤清器故障，可能是存在堵塞，也可能是限压阀出现故障，因此要对其进行更换。更换新的燃油滤清器后，再次测量燃油压力验证，发现压力恢复正常，最后进行燃油供给系统保压测试，未发现内漏和外漏的情况。

最终确定该车的故障是由燃油滤清器导致的，原因可能是未按照保养周期定时更换燃油滤芯且长期加注廉价汽油，从而造成燃油滤清器堵塞或限压阀损坏，引起供油油压不足。

车辆在平时使用中要注意定期保养，同时避免加注不合格的燃油，以减少该类故障的发生。

二、思考题

（1）归纳、总结燃油滤清器的更换步骤和检查内容。

（2）进行有燃油暴露在外的工作时要注意什么？

（3）燃油滤清器不按照箭头指示方向安装会导致什么后果？

【思政园地】

上海工匠——洪永楠

洪永楠，上海吴安综合服务中心汽车修理厂技术经理。30 多年来，他从一名普通的修理工成长为上海闻名的汽修专家，先后获得全国交通技术能手、上海市杰出技术能手、上海市五一劳动奖章、上海工匠等多项荣誉。

时间回溯到 1987 年，从安徽农村来到上海的洪永楠经人介绍进入瑞丰汽车修配厂。由于初来乍到，他在工作中四处碰壁，“刚进厂 2 个月，介绍我过来的带教老师傅就跳槽了，当时我还什么都没学会，只能做些杂务”。洪永楠回忆，“当时我本来也想走，但最后我还是选择留下。既然选择做这一行，就一定要做出点名堂来”。

“技术是打磨出来的，坚持学习和钻研才能进步。”这是洪永楠一直挂在嘴边的话，他也是如此行动的。1988 年洪永楠报考了上海市劳动局第三技校的培训课程，通过不懈努力，从初级工成长为高级工，并于 1998 年考取技师。然而，洪永楠对于知识的渴求从未止步。1996 年他又通过成人高考，考入了上海工程技术大学的汽车工程专业，通过 4 年时间的学习，对汽车工程的理论有了全面的掌握。2003 年，已考取高级技师的洪永楠，又参加了上海市首次“汽车运用注册工程师”考试并脱颖而出，成为全市首批汽车运用注册工程师之一。

如今，作为汽修专家的洪永楠已从当年的小学徒变为现在的行业名师。他积极参加职业培训教学，为汽车维修技师、高级技师、上汽集团汽车装调工高级技师等开班授课。他还深入到高职高校和企业讲课，被上海电视大学聘为汽车故障诊断课程的主持教师，桃李满天下。

任务三　柴油机燃油供给系统的结构与检修

【任务目标】

知识目标

1. 通过自主查阅相关资料，说出柴油的性能指标

2. 对照柴油发动机实训台架向组员描述柴油机供油系统的组成、各组成部分的作用及工作原理

3. 查阅资料，根据维修手册要求，在规定时间内，对相关零部件进行识记，并说明本次任务的检查内容

能力目标

1. 通过查阅资料，向组员讲解柴油机燃油供给系统与汽油机燃油供给系统的区别

2. 根据柴油的性能，选择对应地区所使用的柴油牌号

3. 查阅资料，根据维修手册要求，与组员共同制订柴油机燃油供给系统检修计划，并写出注意事项

素养目标

1. 全面了解柴油机燃油供给系统的结构与检修任务的目标、需要完成的作业，在任务实施过程中进行自我管理、符合 7S 管理规范

2. 积极主动查阅维修手册、汽车柴油发动机构造与维修等相关资料，与组员配合，并在规定时间内完成柴油机燃油供给系统的结构与检修所需知识的收集、整理和归纳

3. 完成柴油机燃油供给系统的结构与检修任务的分配或服从组长安排，与组员相互讨论，采纳其他人员的合理建议并共同完成任务实施计划的制订

4. 在任务实施过程中公平、公正地评价任务实施情况，对不合理、不规范的操作进行客观点评，养成良好的职业道德修养

5. 改正柴油机燃油供给系统的结构与检修任务实施中出现的不合理、不规范的操作并反复训练，做到精益求精，争做汽车维修行业高技能人才

【任务描述】

一台潍柴 WP7 柴油发动机燃油消耗异常，燃油消耗远大于其理论值，怀疑燃油系统出现故障，遂请维修人员进行检修。维修人员进行初步检查，并通过电脑诊断仪检测，没有发现故障码，在检测数据时，燃油共轨压力也正常。经过维修技师分析，判断有可能是喷油系统出现问题。

现在需要对柴油机燃油供给系统进行系统检查。若你是维修人员，将如何维修？对柴油机燃油供给系统进行维修需要注意哪些问题？和汽油机燃油供给系统相比有哪些不同？

【知识储备】

一、柴油及柴油机

（一）柴油及柴油特性

柴油和汽油都是石油制品。柴油的蒸馏温度为 200~350 ℃。柴油分为轻柴油和重柴油，我们能接触到的柴油一般都是轻柴油。柴油机汽车上所用的柴油即为轻柴油。

柴油的性能指标主要是发火性、蒸发性、黏度、低温流动性、防腐性、清洁性和化学安定性等。

发火性用十六烷值表示，是指柴油的自燃能力，十六烷值越大，发火性也就越好。

蒸发性是指柴油蒸发汽化的能力，用馏程和闪点来表示。馏程是指在不同温度下柴油馏出程度。闪点是指在一定的条件下，柴油蒸汽和空气形成混合气在接近火源时，开始出现闪火的温度，闪点越低，蒸发性也就越好。

黏度指柴油的稀稠程度，与流动性有关，同时也会随着温度发生变化。

柴油的流动性用凝点和冷滤点评定。凝点是指柴油失去流动性开始凝固的温度，也是柴油牌号划分的依据。冷滤点是指在特定条件下，在一分钟内流过过滤器不足 20 ml 时的最高温度。因此，冷滤点一般比凝点温度高。

防腐性指柴油中含硫化合物、水溶性酸或碱等物质的含量。

清洁性指柴油中水分、灰分、杂质的含量。

化学安定性是指柴油中总不溶物、10%蒸余物残碳、实际胶质含量的多少。

我们在加油站常见的柴油牌号 10 号、0 号、-10 号等都是根据《普通柴油》（GB 252—2015）执行标准进行划分的，该标准中柴油的牌号分为 10 号、5 号、0 号、-10 号、-20 号、-35 号、-50 号。柴油牌号的选择也是根据《普通柴油》（GB 252—2015）进行选择的。具体见表 3-3-1。

表 3-3-1　轻柴油牌号选择

轻柴油牌号	风险率为 10%的最低气温在下列范围内的地区
5	8 ℃以上
0	4 ℃以上
-10	-5 ℃以上

续表

轻柴油牌号	风险率为10%的最低气温在下列范围内的地区
-20	-14～-5 ℃
-35	-29～-14 ℃
-50	-44～-29 ℃

（二）柴油机燃油供给系统的组成

柴油机供油系统主要由柴油箱、低压油管、回油管、柴油滤清器、输油泵、喷油泵、调速器、高压油管、喷油器等组成。

如图3-3-1所示，当柴油机工作时，输油泵先从燃油箱吸出燃油，经油水分离器去除柴油中的水分，再经过燃油滤清器过滤柴油中的其他杂质，然后将燃油送至喷油泵。在喷油泵中，柴油经过增压和计量，通过高压油管供给喷油器，最后通过喷油器将柴油喷入燃烧室。

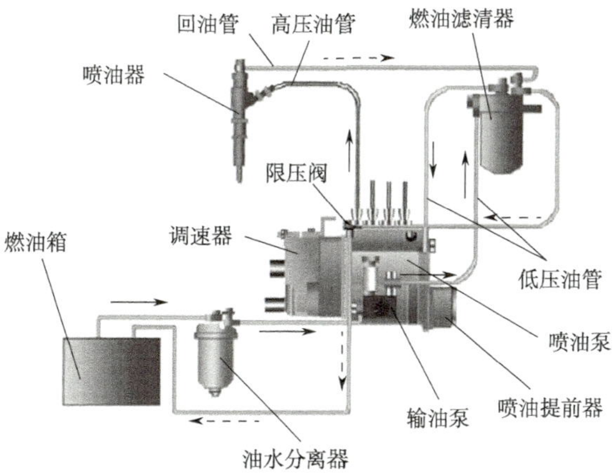

图3-3-1　柱塞式喷油泵柴油机燃油供给系统结构

喷油泵前端装有喷油提前器，与后端的调速器组成一体。输油泵供给的多余柴油及喷油器顶端和燃油共轨中多余的柴油会经过回油管流回燃油箱。

二、输油泵

输油泵的作用是给柴油一定的输油压力，以克服柴油滤清器和管路中的阻力，保证低压油路中柴油的正常流动，并以一定的压力向喷油泵输送足够量的柴油，其主要由手油泵和机械泵组成。

常见的输油泵有活塞式、转子式、滑片式、齿轮式等几种形式，下面主要以活塞式输油泵为例，讲解其结构及工作原理。

（一）活塞式输油泵的结构

活塞式输油泵由活塞、进油阀、出油阀、泵体、手油泵及进、出油管接头等组成，如图 3-3-2 所示。它安装在柱塞喷油泵的一侧，由喷油泵凸轮轴上的偏心轮驱动。

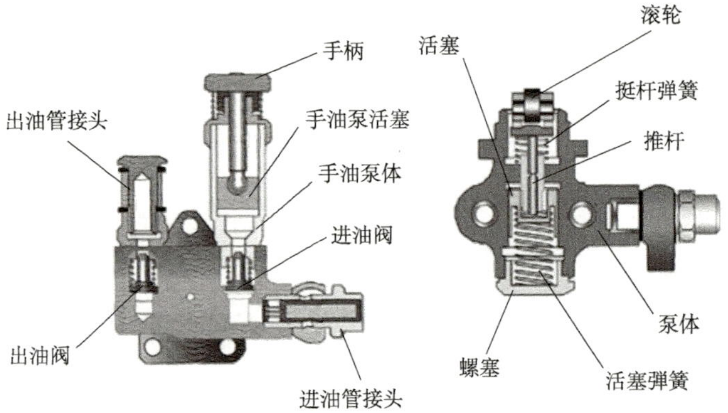

图 3-3-2　活塞式输油泵结构

（二）活塞式输油泵的工作原理

随着喷油泵凸轮轴的旋转，在偏心轮和活塞弹簧的共同作用下，输油泵的活塞在泵体内做往复运动，其工作原理如图 3-3-3 所示。

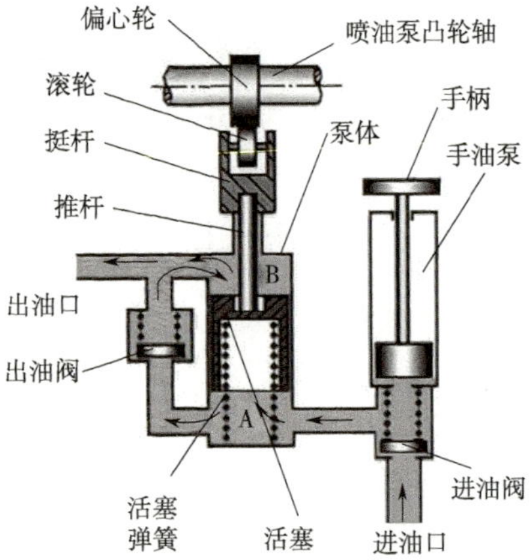

图 3-3-3　活塞式输油泵工作原理

当喷油泵凸轮轴通过偏心轮推动推杆和活塞向下运动时，泵腔 A 因容积减小而使油压升高，油压使进油阀关闭，出油阀在油压作用下被顶开，柴油便由泵腔 A 通过出油阀流向泵腔 B。

当喷油泵凸轮轴上的偏心轮离开滚轮时，在活塞弹簧的作用下，活塞向上运动，

A 腔容积增大，产生真空，此时进油阀打开，柴油经进油阀进入 A 腔。同时，B 腔容积会被压缩减小，油压升高，出油阀在油压作用下关闭，B 腔内的柴油经出油口被压出，送至燃油滤清器。

以上过程不断重复，输油泵就可以连续不断地输出柴油。

输油泵输油量的多少取决于活塞行程；输油压力的大小取决于活塞弹簧的张力。当活塞的行程等于偏心轮的偏心距时，输油量最大。当喷油泵需要的油量减少时，泵腔 B 的油压将随之增高，此时，若泵腔 B 内的油压与活塞弹簧弹力达到平衡，活塞会停留在某一位置，使推杆与活塞之间产生空行程，即活塞的有效行程被减小，输出的油量也因此减少。当耗油量增大时，有效行程相应地也会增加。这样就可实现输油量和输油压力的自动调节。

手油泵主要由手柄、手油泵泵体、手油泵活塞等组成。当车辆长时间停放时，发动机燃油管路中会有空气混入，影响柴油机的正常启动。因此，手油泵的主要作用是排除发动机燃油管路中的空气，比如新车刚下线，或是油箱内的油燃完了，这时候就要用手油泵先将燃油泵入燃油管路的低压油腔和燃油滤清器内。使用时，需要将手油泵手柄旋进拉钮，再启动发动机。

三、柴油滤清器

柴油滤清器如图 3-3-4 所示。

图 3-3-4　柴油滤清器

（一）柴油滤清器的作用与结构

柴油滤清器的作用是除去柴油中的尘土、水分或其他机械杂质和在温度变化及与空气接触过程从柴油中析出少量的石蜡，以降低对精密部件的磨损，从而提高功率，降低油耗。

柴油滤清器一般都是过滤式的。滤芯的材料有绸布、毛毡、金属丝及纸质等，其中纸质滤芯应用最广。柴油滤清器多串联在输油泵和喷油泵之间，其过滤原理和汽油滤清器相似。柴油滤清器通常由滤清器盖、壳体和滤芯等构件组成（见图 3-3-5）。

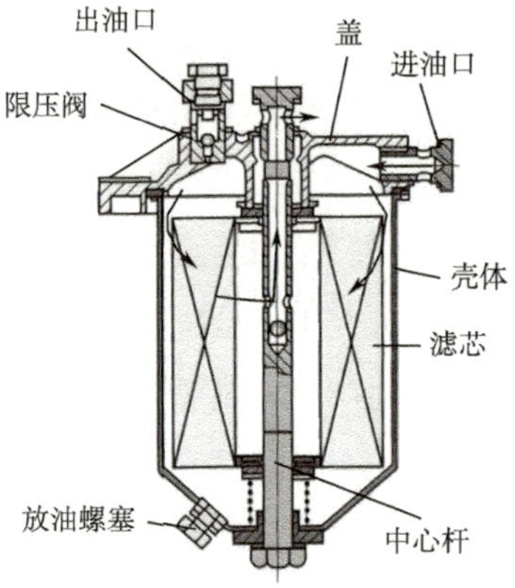

图 3-3-5　柴油滤清器结构

（二）柴油滤清器的维护

在使用过程中，柴油机每工作 100 h 或汽车每行驶 3 000 km，应维护柴油滤清器。维护的主要内容是拆下滤清器中心螺栓螺母，拆下滤清器壳体和滤芯，倒掉沉积在壳体内的水分和杂质，清洗壳体和滤芯，必要时更换滤芯。有些发动机的柴油滤清器滤芯为一次性的，定期更换即可。

（1）检查各密封圈是否完好，若有损坏应更换。

（2）检查限压阀，球阀在导孔内应移动灵活，球阀弹簧不应有变形或损坏。

（3）组装滤清器时，各密封圈必须齐全且安装到位。各螺纹件的拧紧以不发生渗漏为准，不宜过度拧紧，以免造成损坏。

（4）滤清器安装回燃油系统后，应松开滤清器上的放气螺钉。用手油泵泵油，直到放气螺钉处不再有泡沫油流出时，拧紧放气螺钉。继续用手油泵泵油，直到低压油路充满柴油为止。最后应拧紧手泵柄螺塞，以免工作时再吸入空气。

四、喷油泵

（一）喷油泵的功用及分类

喷油泵的功用是接收输油泵送来的低压柴油，根据发动机的不同工况，以一定规律定压（提高油压）、定时（控制喷油时间）、定量（控制喷油量）地向喷油器输送高压油液。

常见的喷油泵有柱塞式喷油泵、转子分配式喷油泵、喷油泵-喷油器等，具体类型和特点见表 3-3-2。

表 3-3-2　常见的喷油泵

类型	特点	图片
柱塞式喷油泵（A 型喷油泵）	性能良好，工作可靠，为目前大多数汽车柴油机所采用	
转子分配式喷油泵（VE）	体积小，质量轻，只有一对柱塞副，依靠转子的转动实现燃油的增压与分配，使用较简单，成本低	
喷油泵-喷油器（PT）	将喷油泵和喷油器合为一体，直接安装在发动机气缸盖上，可以消除高压油管带来的不利影响。但要求在发动机上另加驱动机构	

（二）对喷油泵的要求

车用多缸柴油机对喷油泵的几点要求：

（1）按柴油机工作顺序供油，而且各缸供油量均匀。在额定供油量下，各缸供油的不均匀度不得大于 3%~4%；

（2）各缸供油时刻（提前角）要相同，误差不得大于 0.5°曲轴转角；

（3）各缸供油持续角要相等；

（4）油压的建立和供油的停止都必须迅速，防止滴漏现象的发生（供油迅速，停喷干脆）。

（三）喷油泵的维护与保养

1. 保证柴油的清洁度

一般来说，柴油机对柴油的滤清要求远比汽油机对汽油的要求高得多，在使用时要选用符合要求牌号的柴油，而且至少经过 48 小时的沉淀。加强对柴油滤清器的清洁保养，及时清洗或更换滤芯；根据作业环境条件及时对柴油箱进行清洗，彻底去除油箱底部的油泥及水分，柴油中的任何杂质都会对喷油泵柱塞、出油阀偶件及传动部件造成严重的腐蚀或磨损。

2. 保证机油质量

每次启动柴油机前都应检查喷油泵内的机油数量及其质量情况（靠发动机强制润滑的喷油泵除外），确保机油数量足够，质量良好。如果机油因混入水或柴油而变质，轻则造成柱塞及出油阀偶件的早期磨损，导致柴油机动力不足，启动困难；严重时会造成柱塞及出油阀偶件的腐蚀锈蚀。油泵内漏、出油阀工作不良、输油泵挺杆与壳体磨损、密封圈损坏都会使柴油漏入油池而稀释机油，因此应根据机油的质量情况及时更换。更换时，要对油池进行彻底清洗，把油池底部的油泥等杂质清除干净，否则使用不久机油又会变质。机油的数量不可过多或过少，调速器内加油过多，易导致柴油机“飞车”，加油过少会发生润滑不良，应以机油尺或机油平面螺钉为准。

3. 定期检查调整喷油泵供油提前角及各缸供油间隔角

在使用时，联轴节联接螺栓的松动、凸轮轴及滚轮体部件的磨损常导致供油提前角及各缸供油间隔角发生变化，使柴油燃烧变差，柴油机的动力性、经济性下降，同时出现启动困难、运转不稳、发出异响及过热等现象。因此，要定期检查调整喷油泵供油提前角及各缸供油间隔角。向柴油机上安装喷油泵时，必须检查调整供油提前角；柴油机运转 500 小时后，要重新检查调整供油提前角。

4. 定期检查调整喷油泵各缸的供油量

柱塞偶件及出油阀偶件的磨损会造成柴油内漏，使各缸的供油量减少或不匀，导致柴油机启动困难、功率不足、耗油增多、运转不稳，因此要定期检查调整喷油泵各缸的供油量，确保柴油机功率的发挥。在实际使用中，可通过观察柴油机的排烟、听发动机声音、摸排气管温度等方法来确定各缸供油量的大小。

5. 定期检查出油阀的密封情况

喷油泵工作一段时间后，通过检查出油阀的密封情况可以对柱塞的磨损及油泵工作情况做出粗略判断，进而确定修理及保养方法。检查时，拧开各缸高压油管接头，用输油泵之手油泵泵油，如此时发现喷油泵顶部油管接头有油流出，则说明该出油阀密封不良（当然，如出油阀弹簧折断，也会出现这种情况）。如多缸出现密封不良现象，则应对喷油泵进行彻底调试保养，更换偶件。

6. 喷油泵不得随意拆卸、调整

尤其是对有封标的部位，确需拆卸维修时，要先洁净场所再进行。喷油泵每工作 2 000 小时后，要全面拆卸检查，更换或修复磨损严重及已损坏的零部件，并对其进行重新调试。机车长期不使用时，喷油泵油道内应充满柴油，若要将喷油泵拆下，在油道内加防锈油后，应放在干燥处保存，不得与蓄电池、酸、碱等放在一起保管；喷油泵若要重新装配使用，应先除去防锈油。

五、喷油器

（一）喷油器的功用

喷油器的主要功用是使一定数量的燃油得到良好的雾化，以促进燃油着火和燃烧，使燃油的喷射按燃烧室类型合理分布，以便燃油与空气迅速而完全地混合，形成均匀的可燃混合气。

目前，中小功率高速柴油机采用的喷油器都是闭式喷油器，有孔式和轴针式两种，图 3-3-6 为其中一种。

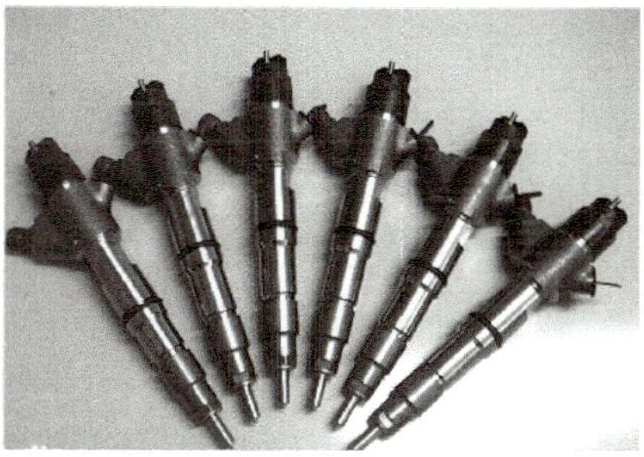

图 3-3-6　柴油机喷油器

为了使燃油喷射达到良好的效果，喷油器要满足以下几点要求：

（1）应具有一定的喷射压力和射程，合适的喷雾锥角和雾化质量；

（2）喷停要迅速，不发生燃油滴漏，以免恶化燃烧过程；

（3）最好的喷油特性是在每一循环的供油过程中，开始喷油少，中期喷油多，后期喷油少。

（二）喷油器的维修与保养

1. 喷油器与缸盖结合孔漏气维修

在喷油器安装前，应当对安装孔部位的积碳、杂物等进行有效清理，确保安装孔清洁度。在喷油器安装过程中，应当确保铜垫圈平整，不可以其他材质的垫圈代替，以防造成散热不佳，垫圈变形，对密封效果带来不利影响。倘若装置时需要采用自制的铜垫圈，应合理设置铜垫圈厚度等指标，并采用紫铜垫圈，进一步确保喷油器伸出缸盖平面的高度与安装规范及要求相符。喷油器安装中，应当将喷油器压板的凹形面朝下，拧紧过程中切忌单侧偏压，并结合具体要求确保均匀拧紧，防止喷油器头变形偏斜，进而引发漏气现象。

2. 喷油器雾化不良维修

在喷油器安装过程中，应当切实依据相关标准调节压力，并适时对喷油嘴中的积碳进行清理，及时对针阀及针阀体进行研磨或更换处理。根据实际情况，可借助喷油器试验台对喷油器喷油效果进行检测。应当结合弹簧端面磨损情况，对弹簧自由长度进行实时检测，并合理调节弹簧预紧力。倘若弹簧端面磨损过大而难以调节，或由于疲劳出现弹簧弹力下降情况，应当及时对弹簧进行更换。通常而言，喷油器工作时长达到500~700 h后，应当对其开展检测调整。倘若检测出启动压力值不及规定值，应当将针阀放置于70~80 ℃纯净的热柴油进行约10 min的浸泡，等到积碳松软后，对表面的积碳进行有效清理，并采用细钢丝对喷油孔做疏通处理，然后开展安装调试。

3. 针阀磨损卡死维修

对于针阀卡死的维修处理，应当先将喷油器针阀部件打开，对其中的实际情况进行检测。如果针阀部件存在轻微损伤情况，则应当开展相应的研磨处理；如果针阀部件出现明显烧伤情况，则应当对其进行更换。针阀与针阀体是一套部件，应当成对更换且不可互换。喷油器检测维修期间，应当切实依据相关要求正确装置喷油器，防止操作不当引发针阀卡死等情况。在日常操作中，应选择质量合格的柴油、滤芯，并对柴油滤清器及油水分离器的滤芯进行及时更换，防止引发喷油嘴针阀磨损及卡死情况。

4. 定期检查喷油泵供油提前角

为了实现对喷油器转至缸体内的燃料的完全燃烧，应当适时检测及调节喷油泵供油提前角情况。倘若喷油泵供油过早，将造成发动机无法正常启动，还会引发敲缸、振动增加等问题；而倘若喷油泵供油延迟，则会引发机器温度过高、燃油消耗增加、冒黑烟等问题。所以，开展好对喷油泵供油提前角的检测工作至关重要。

5. 定期更换柴油滤清器

针阀部件的精密度极高，对喷油器孔径也提出了十分严格的要求。所以，应当结合所处季节，选取适用的清洁柴油，并做好柴油滤清器的养护及更换工作；同时要对滤清器及油箱内沉淀的柴油进行及时清理，防止柴油污染及杂质因素的影响，防止针阀部件出现磨损情况，进一步延长针阀使用寿命。

6. 避免长时间工作运转

在车辆日常运行时，应当防止发动机长时间怠速运转，进而避免机体温度过高而使得喷油器针阀卡死。针对长时间封存不用的发动机，应当适时使其进行运转；而对于不具备运转条件的，则应当将喷油器浸泡于清洁柴油中，从而防止针阀出现腐蚀情况而无法正常开闭。

对于喷油器的日常保养维护，应当密切关注发动机的运行情况。检测时，倘若察觉有上文所述的喷油器故障情况，应当及时进行维修、调整，从而确保喷油器始终可靠地喷油。一方面，应当对喷油器的起喷压力及密封性进行定期检测；另一方面，应当对喷油器的雾化质量进行定期检测，密切观测喷柱的实际情况，观测在喷射前及喷射后喷孔处是否有燃油滴漏情况。可靠的雾化质量即喷柱符合要求，同时没有油滴涌出或者渗漏情况，全面喷射期间伴有清脆的“吱吱”声。

六、调速器

（一）调速器的作用与分类

调速器是一种自动调节装置，它根据柴油机负荷的变化，通过自动调节喷油泵的供油量，使供油量维持在一个相对稳定的范围内，柴油机因此得以在稳定的转速下运行。

汽车柴油机调速器按其工作原理的不同可分为机械离心式调速器、气动式调速器、液压式调速器、复合式调速器；按调速范围的不同可分为单速调速器、两速调速器和全速调速器。下面分别以离心式调速器和全速调速器为例，讲解它们的组成及工作原理。

（二）离心式调速器

1. 离心式调速器的基本组成

离心式调速器的结构形式很多，但其基本组成和基本原理相同。离心式调速器都是由离心元件（飞球或飞块）、调速弹簧和传动机构三大部分组成的。目前，在车用柴油机上应用比较广泛的两速调速器是 RQ 型两速调速器，如图 3-3-7 所示。

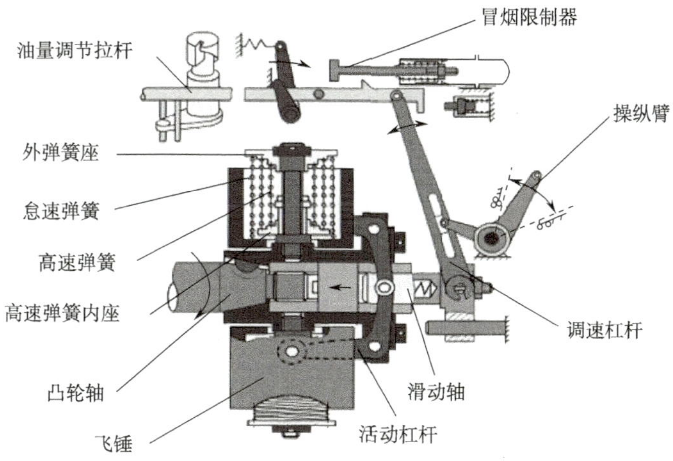

图 3-3-7　RQ 型两速调速器

2. 工作原理

（1）稳定怠速：怠速时，飞锤在凸轮轴后端轴和高速弹簧座之间移动，高速弹簧不起作用。怠速转速升高，飞锤外张，油量调节拉杆右移，减油。怠速转速降低，飞锤收拢，油量调节拉杆左移，加油。其工作原理如图 3-3-8 所示。

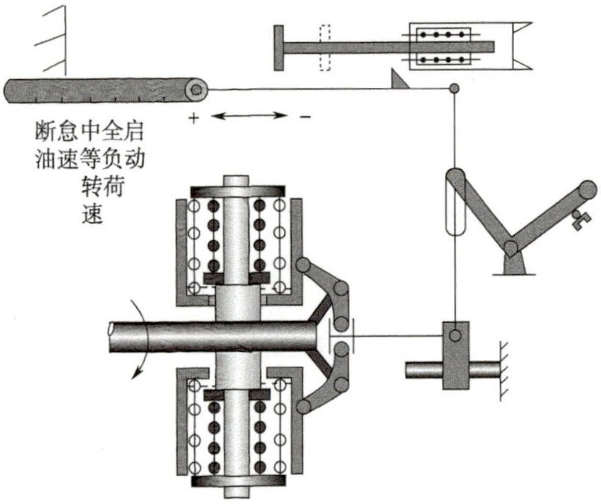

图 3-3-8　怠速工作原理

（2）限制超速：当转速超过最高额定转速时，飞锤继续外张，同时压缩高速弹簧和怠速弹簧，油量调节拉杆向减油的方向移动，使转速降低。其工作原理如图 3-3-9 所示。

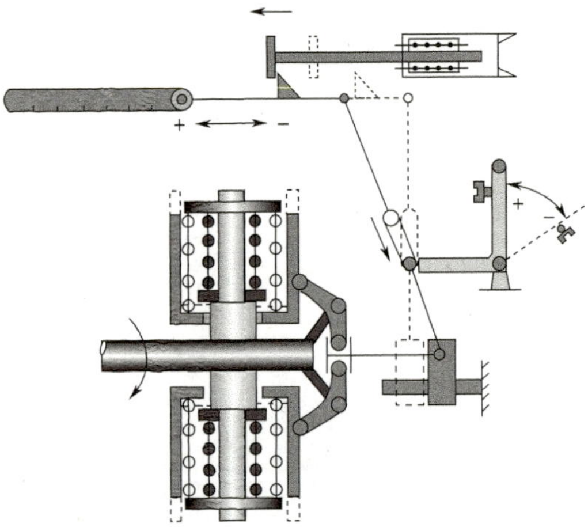

图 3-3-9　全负荷工作原理图

（3）工作转速：飞锤与高速弹簧内座相抵，不能将高速弹簧压缩，调速器不起作用。

（三）全速调速器

机械离心式全速调速器有与柱塞式喷油泵配套的，也有装在分配式喷油泵体内的，其工作原理基本相同。下面以与 VE 型分配泵配套的全速调速器为例，说明机械离心式全速调速的基本结构及工作原理。

1. 基本结构

在飞锤支架上装有四个飞锤，飞锤通过止推片推动调速套筒移动（见图 3-3-10）。张力杠杆、启动杠杆和导杆组成调速器杠杆系统，这两个杠杆和导杆通过销连在一起，并可分别绕销轴摆动。导杆通过销轴固定在分配泵泵体上。启动杠杆的下端是球头销，嵌入油量调节套筒的凹槽中，当启动杠杆摆动时，球头销将拨动油量调节套筒，改变其与分配泵柱塞上的泄油孔的相对位置，从而改变分配泵柱塞的有效行程。

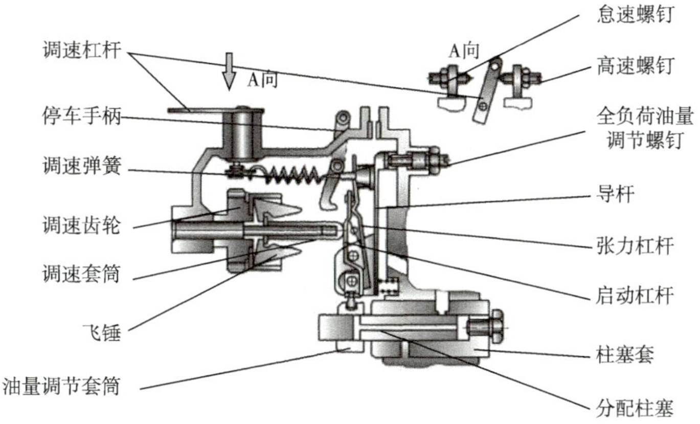

图 3-3-10　VE 泵调速器结构

2. 工作原理

全速调速器的基本工作原理是：由于调速器传动轴旋转所产生的飞锤离心力与调速弹簧弹力相互作用，如果两者不平衡，调速套筒便会移动，通过调速器的杠杆系统使油量调节套筒的位置发生变化，从而增减供油量，以适应柴油机运行工况变化的需要。

（1）启动。启动开始，飞锤收拢，油门踏板踩到底，调速杠杆抵高速螺钉，调速弹簧拉伸，启动弹簧使启动杠杆上端和调速套筒左移到极限位置，并在张力杠杆凸起销和启动杠杆之间出现间隙 A，油量调节套筒右移至最大供油量位置（见图 3-3-11）。

（2）怠速。调速杠杆抵怠速限位螺钉，调速弹簧无张力，启动弹簧被压缩，飞锤离心力与怠速弹簧弹力相互作用，怠速转速升高，张力杠杆上端压缩怠速弹簧右移，油量调节套筒左移，供油量减少；反之，相应零件运动方向相反（见图 3-3-12）。

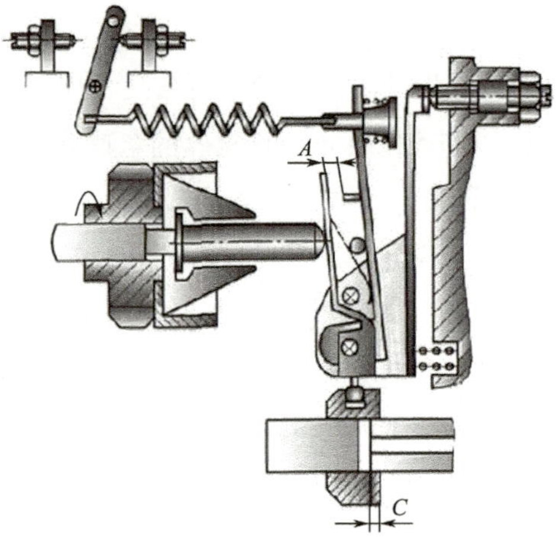

图 3-3-11　VE 泵调速器启动工况

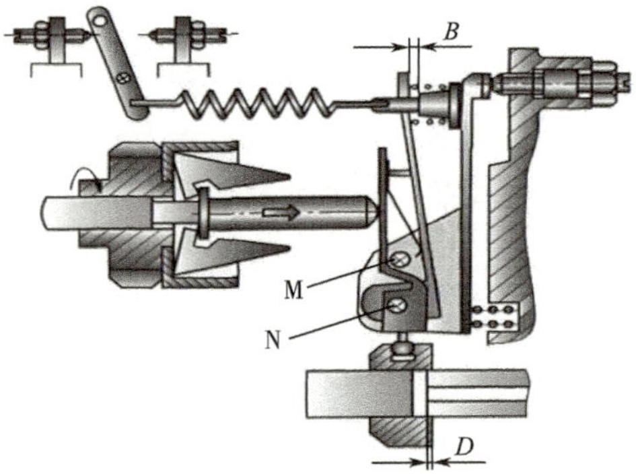

图 3-3-12　VE 泵调速器怠速工况

（3）中速和高速。调速杠杆抵高速限位螺钉，转速升高，飞锤离心力增大，调速套筒右移，同时推动启动杠杆、张力杠杆顺时针摆动，油量调节套筒左移，供油量减少，转速不再升高，反之亦然，如图 3-3-13 所示。

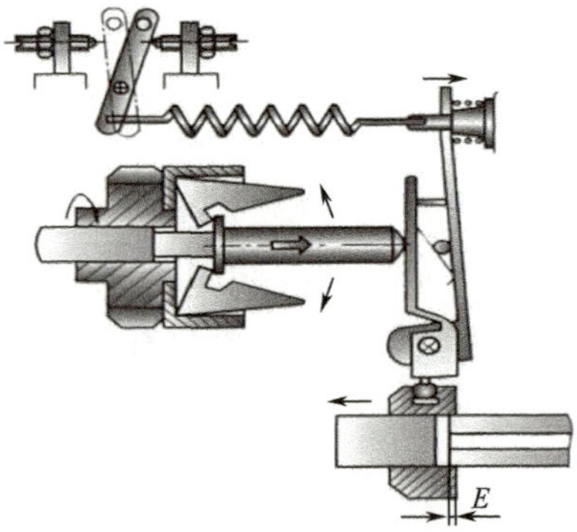

图 3-3-13　VE 泵调速器中高速工况

（4）超速。在调速杠杆处于高速位置时，如果负荷突然减小，则转速迅速升高，此时飞锤离心力迅速增大，调速套筒右移，推动启动杠杆和张力杠杆以图 3-3-12 中所示 N 点为轴心顺时针转动，油量调节套筒左移，供油量减少，从而防止柴油机飞车，如图 3-3-14 所示。

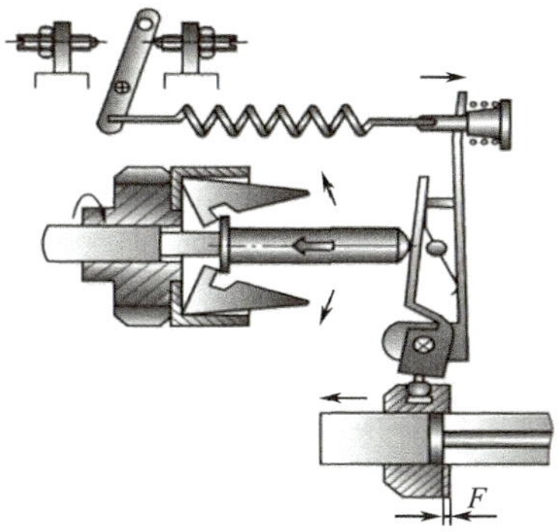

图 3-3-14　VE 泵调速器超速工况

七、柴油机与汽油机

四冲程柴油发动机与四冲程汽油发动机相比较，其共同点是每个工作循环都包括进气行程、压缩行程、做功行程和排气行程四个工作循环。不同点是柴油机扭矩大、经济性能好。柴油机采用高压油轨供油，通过喷油器直接向燃烧室内喷射燃油。柴油燃烧产生的扭矩很大，所以柴油发动机广泛应用于大型柴油汽车上。其他不同点见表 3-3-3。

表 3-3-3　汽油机与柴油机的异同

项目对比	汽油机	柴油机
燃料	汽油	轻柴油
燃料特点	易挥发	黏度大，不易挥发
喷油方式	歧管喷射或缸内直喷	缸内直喷
供油油轨油压	300~350 kPa	160~210 MPa
燃烧室构造	有火花塞	无火花塞，有加热塞
进气行程	汽油和空气的混合气	纯空气
压缩比	9~12	12~22
压缩终了温度	600~750 K	750~1 000 K
压缩终了压力	8~15 atm	30~50 atm
点火方式	火花塞点火	压燃

续表

项目对比	汽油机	柴油机
工作温度	2 200~2 800 K	1 800~2 200 K
燃烧最大压力	30~65 atm	60~90 atm
输出转矩	较小	大
发动机转速	高	低
应用	小型汽车、摩托车等	大型汽车、载货车等

【制订计划与实施计划】

根据任务描述及知识储备相关内容进行实施计划的制订和决策，并在实施过程中完成学生工作手册相关内容的填写，具体实施计划可通过扫描二维码参照执行。

项目三任务三

【知识链接】

柴油机的发展趋势

近年来，全球对环境保护的重视程度越来越高，随之而来的是对低污染、高效率能源的需求不断增长。柴油机作为一种传统的动力设备，也在不断地升级改进，以满足人们对绿色环保、高效经济的需求。

首先，柴油机在技术研发上不断探索和创新，使得柴油机的燃烧效率和能源利用率不断提高。例如，采用高效率涡轮增压器和电子控制高压共轨燃油系统等技术，可以使柴油机的燃油利用率达到更高水平，同时减少废气排放，降低对环境的污染。

其次，柴油机在材料选择、生产工艺等方面也在不断地探索和创新。例如，采用高强度合金材料、精密加工工艺等技术，可以大大提高柴油机的耐用性和可靠性，减少故障和损坏的发生，从而使得柴油机的使用寿命更长。

再次，柴油机还在积极地向绿色低碳的方向发展，使其在环保、节能方面的表现不断提升。例如，柴油机开始采用 SCR（选择性催化还原）技术，通过将尿素溶液喷入废气处理装置中，将废气中的氮氧化物转化为无害氮和水，以达到减少污染的目的。

最后，柴油机也开始采用更加智能化的技术手段，使得柴油机的控制更加精准、高效。例如，通过在柴油机中增加智能感应技术和远程监控技术，可以在运行过程中及时发现和解决问题，使得柴油机的维护更加方便和及时。

综上所述，高效、低污染已经成为柴油机的发展趋势。随着科技的不断进步和环保意识的不断增强，柴油机也将得到显著提升。

【任务总结与思考】

一、故障分析与总结

对本次任务实施过程及结果的评价详见学生工作手册相关内容。

燃油消耗过大的原因分析：

根据故障现象，柴油机汽车燃油消耗异常，油耗远大于理论值。燃油消耗异常的常见原因有：一是发动机喷油器雾化不好；二是发动机的喷油泵损坏；三是发动机供油时间出现问题；四是提前器出现故障；五是增压机出现故障；六是发动机进排气系统故障；七是发动机缺少尿素等。

通过故障诊断仪检测，并没有发现故障码，可以排除供油时间和提前器等电子故障的原因。通过检测数据发现共轨压力正常，说明高低压油路供油正常，可以排除高低压油路问题。经过维修技师分析，喷油系统可能存在问题。对喷油器进行喷油实验，发现喷油器雾化不良，更换喷油器后，故障现象消失。

发动机油耗量高、动力下降的原因有很多。车辆在正常使用一段时间后，出现油耗过高的问题时，需要使用排查的方法进行检测，找到引起油耗增加的原因后对症进行维修。如果是因为某些零部件出现损坏无法维修而导致的油耗过高，可以直接进行更换。

二、思考题

（1）归纳总结柴油机燃油供给系统的拆装步骤及注意事项。

（2）归纳总结柴油机燃油供给系统与汽油机燃油供给系统的区别。

（3）通过本次任务的实施，你有哪些收获？

【思政园地】

刘钧——传承工匠精神

三百六十行，行行出状元。刘钧将修车这项工作做到极致，专业从事机动车电路维护与修理工作10余年，有着丰富的电路维护与保养经验，是南京汽车维修行业中不可多得的汽车电路修理、诊断专家。他拥有三项发明专利，2019年曾参与中华人民共和国人力资源和社会保障部、中华人民共和国交通运输部《国家职业技能标准》汽车维修工（2018年版）江苏省题库审定工作，是全国技术能手、江苏省“333工程”项目培养对象、江苏省技术标准委员会委员、“江苏工匠”、“数字工匠”、江苏省企业首席技师、江苏省产业教授、“江苏省有突出贡献的中青年专家（高技能人才）”，并成立了“刘钧技能大师工作室”。

刘钧从小就对工具机械的拆装非常感兴趣，于是在选专业的时候填报了汽修专业。起初，刘钧认为汽修专业就是每天动动扳手，做机械重复的工作，毫无技术含量，直到有一天，一件事情改变了他的认知，激发了他的求知欲。

有一年暑假，刘钧在一家修理厂实习，一辆帕萨特冒着黑烟开了进来，好几个修车师傅轮番上阵都没有检查出问题的根源，于是便请来了维修站的技术经理，技术经理用一台专业的解码仪往车上一插，便知道是换气系统出了问题，三下五除二便解决了问题。这至今让刘钧记忆犹新，刷新了他对修车工作的认知：修车不仅仅是动动扳手而已，而是要有专业技术的。

刘钧的领导在谈及对他的印象时感慨道：“10年时间，我见证了刘钧从一个普通的汽修师傅成长为行业的佼佼者，他的经历也是对工匠精神的一种诠释。”在多次参加比赛都没能取得理想成绩时，很多人可能选择放弃，但是刘钧没有，每次比赛失利，都只会让他更加努力，更加坚定地向着目标前进。这种精神不仅使他自己取得了成功，也带动了整个企业甚至整个行业的发展。

回顾自己的成长经历，刘钧总结道：“一是坚持，二是务实。成功没有捷径，想在某个领域取得成就，往往是一件很漫长的事情。我们一定要做好日常的点点滴滴，要学做事，先学做人，但行好事，莫问前程，慢一点没关系，只要踏踏实实，结果总会是好的。”

项目四　润滑系统的检测与维修

在发动机工作时，很多传动零件都是在很小的间隙下做高速相对运动的，如曲轴主轴颈与主轴承，曲柄销与连杆轴承，凸轮轴颈与凸轮轴承，活塞、活塞环与气缸壁面，配气机构各运动副及传动齿轮副等。尽管这些零件的工作表面都经过精密的加工，但放大来看这些表面是凹凸不平的。若不对这些表面进行润滑，它们之间将发生强烈的摩擦。金属表面之间的干摩擦不仅会增加发动机的功率消耗，加速零件工作表面的磨损，甚至还可能由于摩擦产生的热将零件工作表面烧损，致使发动机无法运转。

任务一　润滑油的检查与更换

【任务目标】

知识目标

1. 通过查阅资料，了解润滑系统的组成、作用及工作原理
2. 查阅资料，了解润滑油的类型、型号及选用
3. 通过查阅资料，对发动机的机油进行检查，理解常用工具的使用及注意事项

能力目标

1. 通过查阅资料，说出发动机润滑系统的作用、组成及工作原理
2. 查阅资料，根据车型和地区选择合适的润滑油
3. 查阅资料，根据维修手册要求，制订润滑油的检查与更换计划，并写出注意事项
4. 正确规范使用工具或设备对润滑油进行更换

素养目标

1. 全面了解润滑油的检查与更换任务的目标、需要完成的作业，在任务实施过程中进行自我管理、做好过程记录、符合 7S 管理规范
2. 积极主动查阅维修手册、汽车发动机构造与维修等相关资料，与组员相互配合、有效沟通，并在规定时间内完成润滑油的检查与更换任务所需知识的收集、整理和归纳
3. 完成润滑油的检查与更换任务的分配或服从组长安排，与组员相互讨论，采纳其他人员的合理建议并共同完成任务实施计划的制订，能与小组成员团结协作，有吃苦耐劳、爱岗敬业的工作态度和职业责任感
4. 在任务实施过程中公平、公正地评价任务实施情况，对不合理、不规范的操作进行客观点评，养成良好的职业道德修养
5. 改正润滑油的检查与更换任务实施中出现的不合理、不规范的操作并反复训练，做到精益求精，争做汽车维修行业高技能人才

【任务描述】

一辆大众速腾轿车，行驶 90 000 km 后到 4S 店保养，车主发现车辆排出的机油混浊浓稠且有金属杂质，车主说自己都是按照规定时间和行驶里程来保养，经过沟通后才知道，车主最近大半年经常到邻市出差，路况不好、环境差。维修人员告诉车主机

油使用时间长短不能光凭里程数，还要结合发动机运行状况和车辆工作环境。全合成机油会比矿物油好一点，但主要看工作环境。若工作条件差，机油更换周期要适当缩短；若经常在市区行驶，车辆里程少，但发动机工作时间较长，也要适当缩短机油的更换周期。

如果你是维修人员，会如何对车辆进行保养？当有车主提出相关疑问时，你怎样和车主沟通？你需要具备哪些知识和技能呢？通过本次任务我们来学习相关知识和技能。

【知识储备】

在发动机的运作过程中，曲轴颈和轴承、凸轮轴颈和轴承、活塞环和气缸壁正时齿轮副等摩擦部位会以很高的速度做相对运动。金属的摩擦会增加发动机内部的能耗，并导致部件工作面的磨损，由摩擦产生的热量也可能致使一些工作部件表面熔化，甚至导致发动机无法正常运转。

一、润滑系统的作用

润滑系统的作用就是在发动机运行过程中，持续无间断地向所有传动部件摩擦面分配数量充足、温度恰当的清洁机油，并在两个摩擦面之间形成油膜，实现液体摩擦的效果。这样可以减小摩擦阻力、降低发动机功率消耗、减少零件磨损，增强发动机的可靠性和耐久性。另外，油的循环性还可起到清洗、冷却、密封、减震、防锈等作用。

润滑：向各需要润滑部件的摩擦表面不断提供清洁的、具有合适的压力和温度的机油，从而起到减小零件之间的摩擦，进而减小磨损的作用。

冷却：机油可以有效带走发动机内部运动零件产生的热量，并通过曲轴箱和冷却器传递到大气中；如果机油量过少，会使发动机出现过热。

清洁：机油可以冲洗并带走发动机工作过程中产生的杂质，确保发动机正常运行。

防锈：在零件表面生成一层油膜，可有效地保护零件表面，防止零件的锈蚀。

密封：发动机中的润滑油会在活动零件表面形成一层油膜，这层薄膜可作为保护性密封剂，帮助实现气缸壁和活塞环之间密封；如果没有这个薄膜，被压缩的空气就会泄漏到曲轴箱内。

液压：润滑油还可用作液压油（如液压挺柱），起液压作用。

减震：在运动零件表面形成油膜，减少金属间的直接接触，吸收冲击并减小震动，保障发动机的正常运行，起减震缓冲作用。

二、润滑系统的组成

润滑系统主要由机油泵、安全阀、机油滤清器、集滤器等组成（见图 4-1-1）。

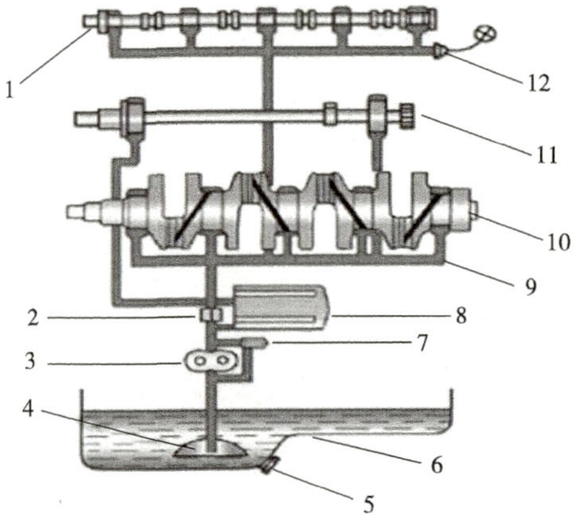

1-凸轮轴　2-旁通阀　3-机油泵　4-集滤器　5-放油螺栓　6-油底壳
7-安全阀　8-机油滤清器　9-主油道　10-曲轴　11-中间轴　12-机油压力开关

图 4-1-1　发动机润滑系统的结构

（一）机油泵

机油泵的作用是保证机油在润滑系统内循环流动，在发动机任何转速下都能以足够高的压力向润滑部位输送足够数量的机油（见图 4-1-2）。

图 4-1-2　大众速腾机油泵

按照结构可将机油泵分为齿轮式和转子式两类。齿轮泵又分为内啮合齿轮式和外啮合齿轮式。

（二）机油滤清器

机油滤清器的功用是滤除机油中的金属碎屑、机械杂质和机油氧化物，以减少发动机零件的磨损和油道的堵塞。

机油滤清器经过一段时间使用之后，滤芯上会沉积油泥和金属碎屑等杂质，造成滤清器堵塞，影响润滑系统正常供油，造成润滑不良，如图 4-1-3 所示。此种情况下，应立即更换机油滤清器。汽车厂家一般都规定了机油滤清器更换的间隔里程和时间，其一般应与机油一同更换。

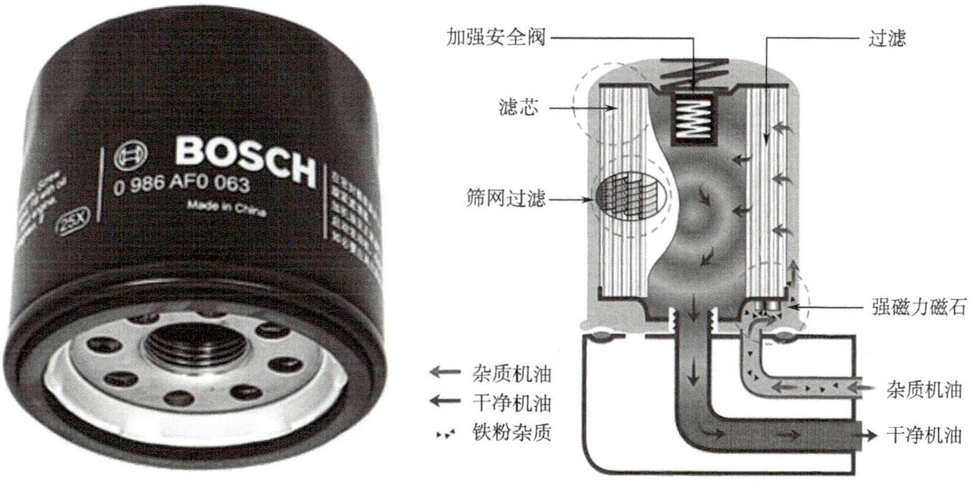

图 4-1-3　机油滤清器及过滤原理

机油滤清器在润滑系统中的连接方式一般分为全流式和分流式，如图 4-1-4 所示。全流式机油滤清器串联于机油泵和主油道之间，因此全部机油都经过它过滤后进入主油道；分流式机油滤清器与主油道并联，经过粗滤器的机油进入主油道，而经过细滤器的机油直接返回油底壳。

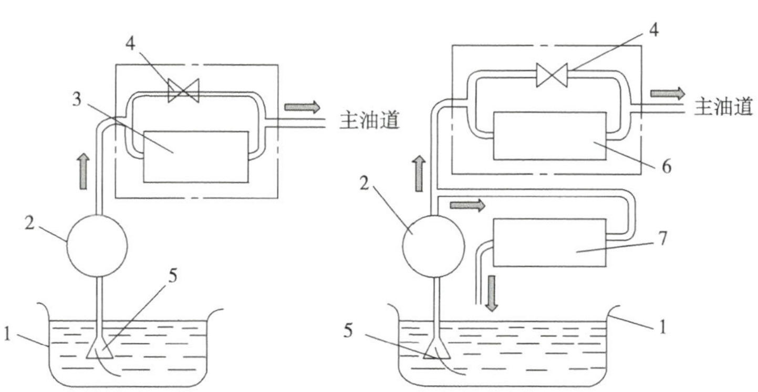

（a）全流式　　（b）分流式

1–油底壳　2–机油泵　3–全流式机油滤清器　4–旁通阀
5–集滤器　6–机油粗滤器　7–分流式机油细滤器

图 4-1-4　机油滤清器的连接方式

目前，在轿车上普遍采用全流式机油滤清器；在货车上特别是重型货车上一般采用粗、细双级滤清器。粗滤器滤除机油中粒径 0.05 mm 以上的杂质，细滤器则用来滤除机油中粒径 0.001 mm 以上的细小杂质。

（三）机油冷却器

在高性能大功率的发动机上，由于热负荷大，必须装设机油冷却器。机油冷却器布置在润滑油路中（见图 4-1-5），其工作原理与散热器相同。

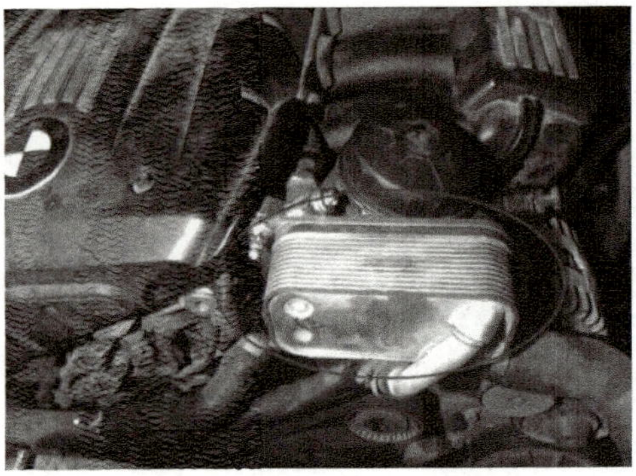

图 4-1-5　机油冷却器

发动机机油冷却器分为风冷式和水冷式两类。风冷式机油冷却器类似散热器，利用汽车行驶时的迎面风对机油进行冷却。这种机油冷却器散热能力强，多用于赛车及热负荷大的增压汽车上。但是装有风冷式机油冷却器的发动机启动后需要很长的暖机时间才能使机油达到正常的工作温度，所以普通轿车上很少采用。

水冷式机油冷却器外形尺寸小、布置方便且不会使机油冷却过度，机油温度稳定，因而在轿车上应用较广。

（四）集滤器

集滤器一般是滤网式的，装在机油泵之前，防止粒度大的杂质进入机油泵。集滤器有浮式和固定式两种。

浮式集滤器能吸入油面上较清洁机油，但同时油面上的泡沫也易被吸入，使机油压力降低，润滑不太可靠。

固定式集滤器如图 4-1-6 所示，装在油面下面，吸入的机油清洁度稍逊于浮式集滤器，但可防止泡沫吸入，润滑可靠，结构简单，目前汽车发动机均采用这种集滤器。

三、润滑方式的分类

因发动机各零件的载荷大小、运动速度及所处位置各不相同，各配合面所要求的润滑强度和润滑方式也不尽相同：按是否对机油加压分为压力式润滑和非压力式润滑；按机油是否循环使用则分为循环式润滑与非循环式润滑。

图 4-1-6　集滤器的安装位置

表 4-1-1 对发动机中常见的几种润滑方式。

表 4-1-1　发动机中常见的润滑方式

润滑方式	定义	特点	应用场景	应用举例
压力润滑	发动机运转时，由机油泵提供一定压力的润滑油，并送到零件的摩擦面上	工作可靠，润滑效果好，具有一定的净化和冷却润滑油的作用；但须有泵油设备及特定的润滑油道	相对速度高、机械负荷大的零件	曲轴各轴颈与轴承之间、凸轮轴颈与轴承之间
飞溅润滑	通过喷油嘴或发动机中运动零件飞溅起来的油滴或油雾对摩擦表面进行润滑	通过喷嘴喷射或运动部件的搅动进行润滑，无需特定润滑油道	润滑裸露在外面的载荷较轻的表面	气缸壁、相对滑动较小的活塞销、凸轮轴的凸轮表面
定期润滑	采用定期加入润滑脂的润滑方式	需定期加注润滑脂维护	分布较分散的部位	发电机、发动机水泵轴承、十字轴万向节等

四、润滑油的种类、型号及选用

几种润滑油如图 4-1-7 所示。

国际上广泛采用的机油分类方式是由美国汽车工程师学会（SAE）和美国石油学会（API）确定的。

SAE 按照机油的黏度等级将机油划分为冬季用机油和非冬季用机油，其中冬季用机油用 W 表示，常见的有 0W、5W、10W、15W、20W 几种牌号，W 前的数字越小，低温流动性越好，冷启动时对发动机的保护能力越强。非冬季用机油常见的有 20、30、40、50、60 几种牌号。其中号数越大，机油的黏度越大，适用于较高的环境温度。目前市场上使用的机油大多具有多黏度等级，如 SAE 0W-30 表示在气温较低时使用，其黏度与 SAE 0W 一样，而在高温时黏度又与 SAE 30 相当，因此机油可以冬夏通用（见图 4-1-8）。

图 4-1-7　几种润滑油举例

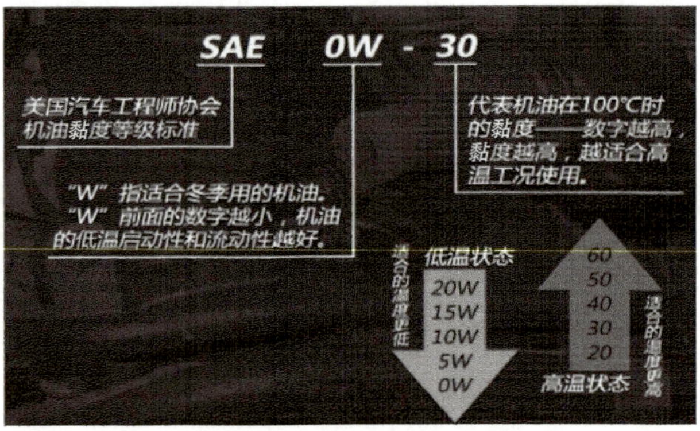

图 4-1-8　机油部分参数

API 按照机油的性能和使用场合将机油分为 S 系列和 C 系列两类。其中 S 系列是汽油机机油，分别是 SA、SB、SC、SD、SE、SF、SG、SH、SJ、SL、SM、SN，字母越往后油品档次越高，SN 级是目前汽油机机油最高级别。C 系列是柴油机用油，分别是 CA、CB、CC、CD、CD-II、CE 等级别。级号越靠后，使用性能越好（见图 4-1-9）。

在学习了机油黏度等级和质量等级这两个产品参数之后，结合当地的环境温度变化范围就可以较为轻松地选择机油了。当然，最简单的方式是依照车辆说明书选择合适黏度和等级标准的机油，或者选择不低于车辆说明书中推荐质量等级的机油，最可靠的是严格按照机器工作环境温度选用适合牌号的机油。

图 4-1-9　机油等级

五、机油的检查

定期更换机油，能提高发动机的可靠性，延长发动机使用寿命。忽视机油润滑将导致发动机严重损坏。

（一）机油油位的检查

发动机预热后，停机 5 min，让机油汇集到发动机底部，把油尺拔出，擦拭干净，再次插到底拔出，油位应在上限和下限标记之间。机油油位界限如图 4-1-10 所示。如果油位低，应先检查是否存在泄漏情况，并加机油到上限标记。

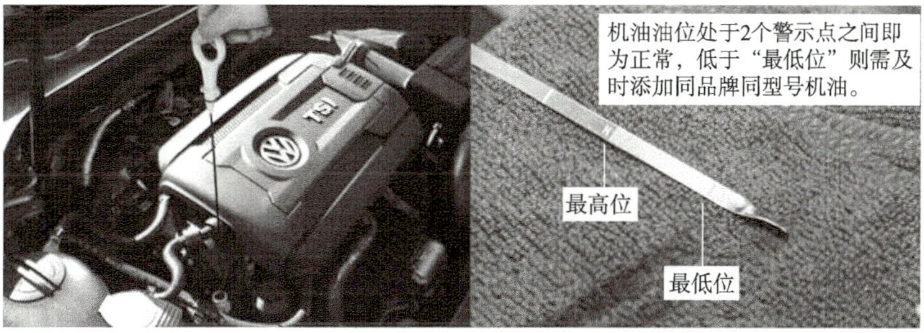

图 4-1-10　机油油位界限

（二）机油质量的检查

可以通过气味、颜色、颗粒物多少等来检查机油是否存在变质、进水、变色、烧焦和稀薄等情况。如果机油变稀薄、颜色过于浑浊深暗或有烧焦的煳味，则需要更换机油。当有烧焦的煳味时，应检查机油烧焦的原因，如是否存在油道堵塞、过载等情况。在实践中，可以使用定性测试纸检测机油油质（如图 4-1-11 所示）。

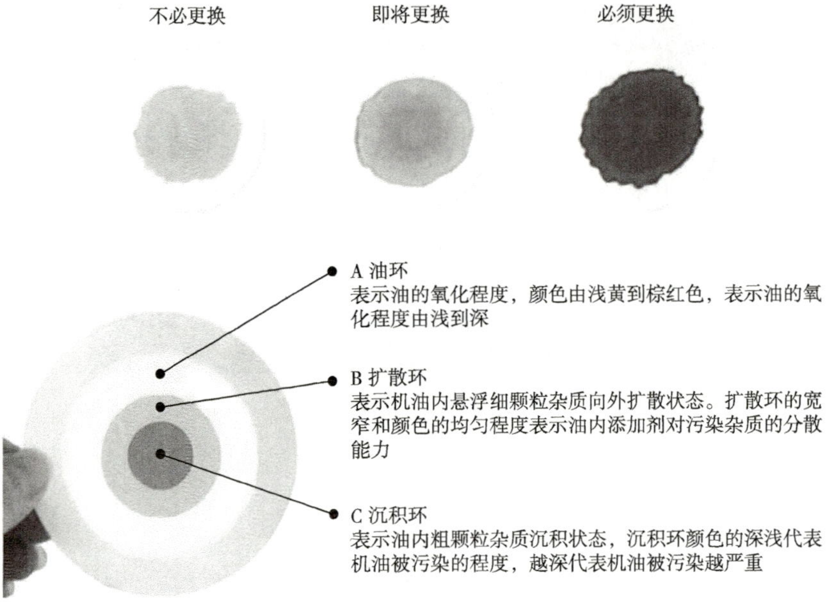

图 4-1-11　用定性测试纸检测机油油质

【制订计划与实施计划】

根据任务描述及知识储备相关内容进行实施计划的制订和决策，并在实施过程中完成学生工作手册相关内容的填写，具体实施计划可通过扫描二维码参照执行。

项目四任务一

【知识链接】

一、机油的工作环境

机油的工作条件十分恶劣，在润滑系统循环过程中，机油与空气频繁接触会被空气中的氧气氧化，同时机油的工作温度范围广，还受到窜入曲轴箱内的燃油蒸气、废气以及金属磨屑和积碳等影响，使机油受到严重污染。因此，为使发动机保持良好的工作状态，机油必须具备良好的使用性能。

目前，汽车发动机广泛使用的机油（如矿物质油、半合成油），基本是以从石油中提炼出来的润滑油为基础油，再加入各种添加剂混合而成。

二、机油的使用性能

汽车发动机用机油应具有以下使用性能。

（一）适当的黏度

机油的黏度会随温度而变化，温度升高，黏度减小；温度降低，黏度增大。

机油黏度对发动机工作的影响很大。黏度过小，在高温、高压下容易从摩擦表面流失，不能形成足够厚度的油膜，难以起到润滑保护作用；黏度过大，冷启动困难，机油不能被泵送到摩擦表面。

因此，为了使机油有适当的黏度，必须在基础油中加入增稠剂，使机油在高温时保持足够的黏度，而在低温下黏度增加不大。

（二）优异的氧化安定性

氧化安定性是指机油抵抗氧化作用不使其性质发生永久变化的能力。发动机的机油经常在高温下与氧气接触，这会加速机油与空气中氧气的氧化作用，从而使机油性质发生改变，腐蚀发动机零部件，甚至影响发动机的工作。为此，要在机油中添加氧化抑制剂，以减缓氧化的发生。

（三）良好的防腐性

机油在使用过程中会不可避免地被氧化而生成各种有机酸。这类酸性物质对金属零件有腐蚀作用，可能使铜铅和镉镍一类的轴承表面出现斑点、麻坑或使合金层剥落。为提高机油的防腐性，除加大机油的精制程度外，还要在机油中加入防腐添加剂。

（四）较低的起泡性

机油在润滑系统中快速循环和飞溅，必然会产生泡沫。如果泡沫太多，或泡沫不能迅速消除，将造成摩擦表面供油不足。控制泡沫生成的方法一般是在机油中添加泡沫抑制剂。

（五）强烈的清净分散性

机油的清净分散性是指机油分散、疏松和移走附着在零件表面上的积炭和污垢的能力。为使机油具有清净分散性，必须加入清净分散添加剂。

（六）高度的极压性

在摩擦表面之间的油膜厚度小于0.3~0.4 μm的润滑状态，称为边界润滑。习惯上把高温、高压下的边界润滑称为极压润滑。机油在极压条件下的抗摩性也叫作极压性。

现代汽车发动机的轴承及配气机构等零件的润滑，即为极压润滑。

为了提高机油的极压性，避免在极压润滑的条件下机油被挤出摩擦表面，必须在机油中加入极压添加剂。极压添加剂可与金属表面起化学反应形成强韧的油膜，以提供对零件的极压保护。

三、机油的类型

发动机润滑油可分为矿物质油、半合成油、全合成油三类。

矿物质油是从石油中提炼出来的一种润滑油。这种润滑油虽然价格便宜，但其使用寿命、润滑性能等都较半合成油和全合成油逊色，同时对环境也有较大的污染。随着半合成油和全合成油生产成本的降低，矿物质油将逐渐被市场淘汰。

半合成油是一种由矿物质油与全合成油通过一定比例调配而成的润滑油。它综合性能好，性价比高，是市场上一种使用较普遍的润滑油类型。

全合成油是由来自原油中的瓦斯气或天然气化学反应炼制成的大分子组成的润滑液。它使用的是原油中较好的成分，以化学反应并在人为控制下达到预期的分子形态。全合成油分子排列整齐，抵抗外来变数的能力很强，因此黏度-温度特性好，热稳定、抗氧化反应的能力要比矿物质油和半合成油强得多。

【任务总结与思考】

一、故障分析与总结

对本次任务实施过程及结果的评价详见学生工作手册相关内容。

车主虽然都是按照规定时间和行驶里程来保养，但经过与维修人员的交流后才明白机油使用时间长短不能光凭里程数，还要结合发动机运行状况和车辆工作环境。

机油有矿物质油、半合成油和全合成油之分。机油的类型不同，使用寿命也有所不同。同时，还要看发动机工作环境，若工作条件差，机油更换周期要适当缩短；若经常在市区行驶，车辆经常处在怠速状态，虽里程少，但发动机工作时间较长，也要适当缩短机油的更换周期。

定期更换机油，能提高发动机的可靠性，延长发动机使用寿命。忽视机油润滑将导致发动机严重损坏。因此，我们要结合实际情况综合评价机油的更换周期，平时使用车辆时也要关注车辆的运行状态。

二、思考题

(1) 归纳总结发动机机油更换的步骤和检查内容。

（2）在机油更换过程中，有哪些注意事项？

（3）在机油的检查与更换任务中，我们会用到哪些专用工具？你能正确使用吗？

【思政园地】

杨文浩——世界技能大赛银奖获得者

“Wenhao Yang，China!”北京时间2017年10月20日凌晨1时40分，在阿联酋首都阿布扎比第44届世界技能大赛现场，裁判员宣布来自中国的杨文浩获得汽车技术项目的银牌，现场一片欢呼，掌声雷动。西华学子2017级车辆工程研究生杨文浩实现了中国在该赛项上零奖牌的突破！

世界技能大赛被誉为“世界技能奥林匹克”，其竞技水平代表了当今世界职业技能发展的先进水平。汽车技术项目比赛历时4天，共有8个模块的比拼。每天各国参赛选手抽签决定2个模块4小时的比赛。

对于每一位参赛选手而言，在有限的赛时内做出正确、有效的判断与操作是决定成败的关键，赛中的心理状态也显得尤为重要。比赛开始时，第一次出征国际赛场的杨文浩感到十分紧张，但随着赛事的进行，他发现凭借自己在国家集训队中训练的方式、经验与技巧，每一个赛事关卡的攻破与操作的实施都显得较为顺利。越来越好的状态让杨文浩的紧张被一份自信从容所取代，这使得他在接下来每一个模块的比拼中都游刃有余。

“欲戴王冠，必承其重”，世上并没有一蹴而就的成功，从通过层层赛事选拔，到辗转全国各地集训，再到最后站在国际颁奖台上，两年的备赛用“辛苦”二字似乎不足以简单概括，杨文浩滴下的每一滴汗水铸就了胸前那块沉甸甸的奖牌。

“我是走在前面的人，我身后还有整个团队、老师、家人的默默支持。”这是杨文浩永不言弃的又一大动力。学校的支持、老师的指导、国家集训队中教练与同伴的鼓励以及家人无声的支持，为他拨开了前行途中的层层迷雾。

杨文浩在学习和未来规划上给学弟学妹们提出了几点建议：第一，学习上应严格要求自己，放低姿态。期末时给自己定一个单科90分的目标，如果你没有达到，就不能说你对该门课程有了初步的了解。第二，学会坚持，当你咬牙挺过所有的困难时，离成功就更近了一步。至于未来规划，一定要根据自己的兴趣来决定，做自己喜欢的事是最正确的选择。

辉煌属于过去，珍惜当下并为之努力，杨文浩将继续勇敢前行！

任务二　机油泵的检查与更换

【任务目标】

知识目标

1. 通过查阅资料，掌握机油泵的作用、结构、类型和工作原理

2. 查阅资料，根据维修手册要求，对机油泵相关零部件进行识记，并说明本次任务的检查内容

3. 理解常用工具和量具的使用及注意事项

能力目标

1. 通过查阅资料，并对照机油泵向组员描述其组成、工作原理及检修项目

2. 查阅资料，根据维修手册要求，制订机油泵的检查与更换计划，并写出注意事项

3. 查阅资料，正确使用工量具对机油泵各部件进行检修

素养目标

1. 全面了解机油泵的检查与更换任务的目标、需要完成的作业，在任务实施过程中进行自我管理、做好过程记录、符合7S管理规范

2. 积极主动查阅维修手册、汽车发动机构造与维修等相关资料，与组员相互配合、有效沟通，并在规定时间内完成机油泵的检查与更换任务所需知识的收集、整理和归纳

3. 完成机油泵的检查与更换任务的分配或服从组长安排，与组员相互讨论，采纳其他人员的合理建议并共同完成任务实施计划的制订，能与小组成员团结协作，有吃苦耐劳、爱岗敬业的工作态度和职业责任感

4. 在任务实施过程中公平、公正地评价任务实施情况，对不合理、不规范的操作进行客观点评，养成良好的职业道德修养

5. 改正机油泵的检查与更换任务实施中出现的不合理、不规范的操作并反复训练，做到精益求精，争做汽车维修行业高技能人才

【任务描述】

一辆大众迈腾轿车行驶里程为120 000 km。一天车辆行驶了5 min左右，机油压力报警灯闪亮，蜂鸣器发出警报声。车主经与4S店沟通后将车辆拖到4S店，经过维修人员的检查，发现机油滤清器处漏油，维修更换机油及滤清器后故障现象依然存在。

维修人员又进行细致检查，初步判断发动机润滑系统机油泵可能存在故障，要对发动机润滑系统进行全面检查。

如果你是维修人员，会如何判断故障类型？你需要具备哪些知识和技能呢？通过本次任务我们来学习相关知识和技能。

【知识储备】

一、机油泵

经过上一个任务的学习，我们知道发动机润滑系统主要由机油泵、机油滤清器、集滤器等组成。机油泵是润滑系统中润滑油循环的动力源，保证机油在润滑系统内循环流动，在发动机任何转速下都能以足够高的压力向润滑部位输送足够数量的机油。

按照结构可将机油泵分为齿轮式和转子式两类。齿轮泵又分为内啮合齿轮式和外啮合齿轮式。

（一）外啮合齿轮式机油泵

在机油泵体内装有一对外啮合齿轮，齿轮的端面由机油泵盖密封。泵体、泵盖和齿轮的各个齿轮槽组成工作腔。图 4-2-1 展示了外啮合齿轮式机油泵的工作原理。

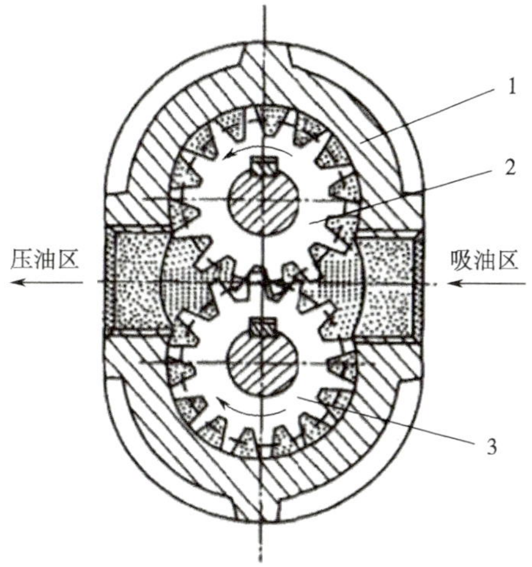

1-机油泵泵体　2-机油泵主动齿轮　3-机油泵从动齿轮

图 4-2-1　外啮合齿轮式机油泵工作原理

当齿轮按图 4-2-1 所示方向旋转时，吸油腔的容积由于轮齿逐渐脱离啮合而增大，腔内产生一定的真空，机油从油底壳经进油口被吸入进油腔，随后又被轮齿带到出油腔。出油腔的容积由于轮齿逐渐进入啮合而减小，使机油压力升高，机油经出油口被压入发动机机体上的机油油道。在发动机工作时，机油泵齿轮不停地旋转，机油便连续不断地流入机油道，经过滤清之后被送到各润滑部位。

机油泵的泵油能力取决于齿轮与泵体间的配合间隙，当齿轮与泵体的间隙过大或齿轮端面间隙超过允许范围时，泵油效果就会明显变差，泵油压力减小，泵油量降低。

齿轮式机油泵的优点是效率高，功率损失小，工作可靠；缺点是需要中间传动机构，制造成本较高。国产速腾、奥迪、捷达等轿车均采用齿轮式机油泵。

（二）内啮合齿轮式机油泵

内啮合齿轮式机油泵的工作原理与外啮合式齿轮泵相同（见图 4-2-2）。

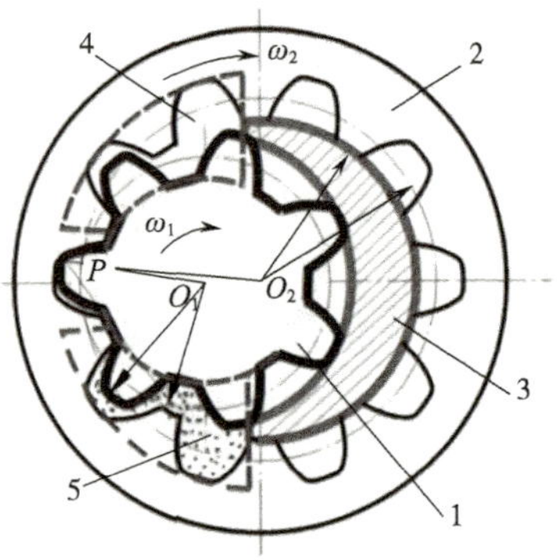

1-主动小齿轮　2-从动齿轮　3-月牙板　4-吸油区　5-压油区

图 4-2-2　内啮合齿轮式机油泵工作原理

因内啮合齿轮式机油泵直接由曲轴驱动，无需中间传动机构，所以零部件数量少，制造成本低，占用空间小，使用范围广。

（三）转子式机油泵

转子式机油泵主要由内转子、外转子、机油泵泵体、机油泵盖等零件组成。内转子固定在机油泵传动轴上，外转子自由地安装在泵体内，并与内转子啮合传动。内、外转子之间有一定的偏心距。

转子式机油泵的工作原理如图 4-2-3 所示。当机油泵工作时，主动轴带动内转子旋转，内转子带动外转子朝同一方向转动。由于内、外转子工作面的轮廓是一对共轭曲线，可以保证两转子相互啮合时既不干涉也不脱离。

当某一工作腔转过进油口时，容积增大，产生真空，机油经进油口被吸入工作腔内。当该工作腔转过出油口时，容积减小，油压升高，机油经出油口被压出。

转子式机油泵的优点是结构紧凑，供油量大，供油均匀，噪声小，吸油真空度较高；其缺点是内、外转子啮合表面的滑动阻力比齿轮泵大，功率消耗也较大。

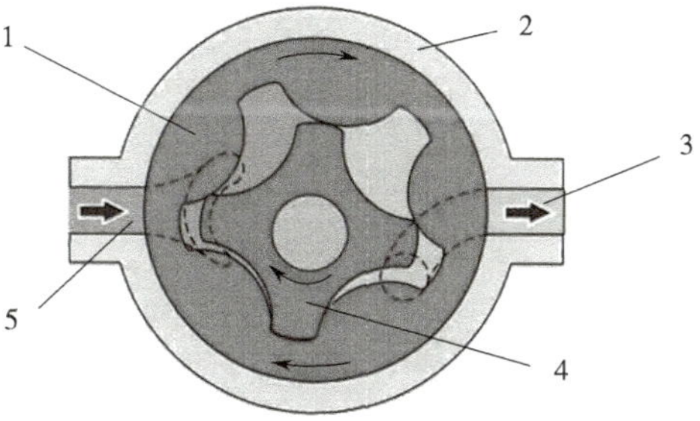

1–外转子　2–机油泵壳体　3–压油区　4–内转子　5–吸油区

图 4–2–3　转子式机油泵工作原理

二、安全阀

机油泵的供油量与机油泵的转速正相关，而机油泵是由发动机曲轴驱动的。因此，为保证发动机在最低转速下都能有足够的润滑油供给发动机各润滑表面，在设计机油泵时，要保证机油泵在最低转速下都有足够的供油量，以维持足够的机油压力，保证润滑。但是，当发动机转速高于最低转速时，机油供应量就会变大，这将导致系统内油压过高。此外，当发动机冷启动时，由于机油的黏度大，流动性差，机油压力也会偏高。

因此，为防止油压过高，需要在润滑油路中设置安全阀或调压阀。一般安全阀安装在机油泵泵体或发动机机体的主油道上。当安全阀安装在机油泵上，油压过高时，多余的机油会通过安全阀流回机油泵进油口；当安全阀安装在主油道上，油压过高时，多余的机油会通过安全阀流回油底壳。

【制订计划与实施计划】

根据任务描述及知识储备相关内容进行实施计划的制订和决策，并在实施过程中完成学生工作手册相关内容的填写，具体实施计划可通过扫描二维码参照执行。

项目四任务二

【知识链接】

举升机在汽车维修养护中发挥着至关重要的作用，无论整车大修，还是小修、保养，都离不开它，其产品性能、质量好坏直接关系维修人员及车辆的安全。在各种规模的维修养护企业中，无论是维修多种车型的综合类修理厂，还是经营范围单一的街边店（如轮胎店），几乎都配备有举升机。在使用举升机时，要严格按照《设备操作养护指导书》规范操作。

下面以常见的双柱举升机为例（见图 4-2-4），介绍其使用的注意事项及维护保养。

图 4-2-4　双柱举升机

一、操作流程及注意事项

（1）汽车重量不能超过额定举升重量（确保举升时车内无人）。

（2）车辆被托举位置应按维修手册规定确定（车型不同，举升点位置不同，举升前需确认好）。

（3）确保举升臂托盘位置在同一水平面上且各举升臂举升点要高于举升臂最高平面。

（4）举起之前先确定没有人在操作举升臂，以免受伤。

（5）车辆先被举升 10 cm 后，检查车辆是否平稳，举升臂托盘与车辆举升点保持适当位置，再举升。

（6）确保四个举升臂齿扇和齿条完全咬合。

（7）确保继续举升时车下无人，避免剧烈摆动车辆。

（8）举升过程中，需听到落锁的咔嗒声。

（9）举升车辆到适当位置后，按下下降操作杆，使车辆稍微落下一段距离，以确保举升臂机械锁止。

（10）举升机下降前，确保车下无人，双脚离开举升臂。

（11）举升机下降时，须先升起一小段距离，在确保拉开举升机两侧保险锁绳的前提下，再操作下降操作杆降下车辆。

二、举升机的维护保养

（一）每月进行维护的项目

（1）检查并重新拧紧地脚螺钉。

（2）用喷雾润滑剂润滑链条/缆索。

（3）检查所有的链条、连接器、螺栓和销，确保可靠牢固。

（4）目测检查所有的液压油管路可能出现的磨损情况。

（5）检查立柱内侧的滑块运动是否正确润滑。及时补充高质量的重润滑油脂。所有的地脚螺钉都应该完全拧紧。如果有螺钉因故不起作用的话，不应使用举升机，直至重新更换螺栓。

（二）每六个月进行维护的项目

（1）对所有运动部件可能发生的磨损进行目测检查。

（2）检查所有滑轮的润滑情况。如果滑轮在升降期间出现拖动现象，则要对轮轴添加适量润滑油。

（3）检查并调节平衡缆索的张力，以确保举升机的水平升降。

（4）检查柱体的垂直度。各个立柱内角应用重润滑油润滑，以便将滑块的摩擦减少到最低限度，以保证举升机的提升平滑、均匀。

【任务总结与思考】

一、故障分析与总结

对本次任务实施过程及结果的评价详见学生工作手册相关内容。

根据故障现象，检查润滑系统的报警系统，没有故障。举升车辆，放掉润滑油后检查，发现润滑油内含有大量金属屑。拆下油底壳，继而拆开机油泵进行检查时，发现其调压阀的柱塞已被卡死，由此导致机油滤清器处的油压得不到缓解，使机油滤清器被憋漏。

调压阀柱塞卡死的原因大致有以下几种：

（1）在发动机运转过程中，摩擦和冲击产生的金属屑随机油循环到油底壳集滤器周围，一部分未被磁性螺栓吸附的金属颗粒随机油流入机油泵内，进入柱塞与阀腔的间隙，导致阀体内的柱塞卡死。

（2）在更换机油时，未注意及时清洗内部油道，未更换机油滤清器，使机油变脏，时间一长导致调压阀柱塞卡死。

（3）使用劣质或变质的机油导致柱塞卡死。

所以，为了保证调压阀正常工作，在日常维护和保养过程中，当机油的液面低于机油尺下限时，应立即添加机油，并且定期更换机油和机油滤清器，保持润滑油路的清洁，保证机油泵能够正常工作。

二、思考题

（1）说出外啮合齿轮式机油泵的基本工作原理。

（2）指出集滤器与机油滤清器的区别。

（3）你在机油泵拆装检查过程中扮演什么角色？你认为自己还有哪些方面需要改进？

（4）无论是齿轮式机油泵还是转子式机油泵，由它们的工作原理可知，它们都是靠容积的变化完成吸油和＿＿＿＿＿＿＿＿的，所以都属于＿＿＿＿＿＿＿＿。

【思政园地】

技能成就梦想　奋斗点亮青春——记国赛一等奖选手郑子豪、姜宇航

“大家看这里，车辆的仪表是能正常点亮的，但启动时启动机不转，发动机不工作，启动机继电器不吸合，根据这种现象，我们分析可能是J533本身相关线路或底盘CAN故障……”在济南职业学院汽车实训中心，两个忙碌的身影正在教学车辆旁给周边的同学仔细讲解。他们就是刚刚斩获2023年全国职业院校技能大赛高职组汽车故障检修赛项一等奖的选手郑子豪、姜宇航。

郑子豪于2021年考入济南职业学院。之前在枣庄市台儿庄区职业中专就读时，他就对汽车行业很感兴趣，对能代表学校参加技能大赛的同学非常羡慕。后来，在自己的努力争取下，终于取得了代表学校参赛的资格。郑子豪先后获得过枣庄市2020年“鲁班传人”职业学校学生技能大赛三等奖、2020年山东省“技能兴鲁”职业技能大赛新能源汽车技术职业技能大赛（学生组）一等奖等荣誉。

姜宇航是山东水利技师学院2022级新能源汽车专业的学生。在中职的时候，他便表现出对汽车专业的热爱和天赋，勤学苦练之下亦是成绩满满，曾先后获得过2020年山东省“技能兴鲁”职业技能大赛新能源汽车技术一等奖、2021年全国乡村职业技能大赛山东省选拔赛汽车维修工项目一等奖和山东省“技能兴鲁”职业技能大赛智能网联调试与装配项目二等奖等荣誉。

因为热爱，所以选择。两个心怀梦想的年轻人，先后考入了济南职业学院汽车学院，开启了大学时代的逐梦之旅。

雄关漫道真如铁，而今迈步从头越。对于年轻的郑子豪、姜宇航来说，这只是他们用奋斗点亮青春之路的一次过往。怀着技能成就梦想的希望和目标，他们将继续锤炼技能，不断充实自身，在技能强国的大道上一路前行，以青春之笔书写大有可为的时代华章！

项目五　冷却系统的检测与维修

冷却系统是发动机的重要系统之一，为了使发动机正常、连续地工作，不仅要设置冷却系统，而且要求冷却系统的冷却强度适中，以保证发动机最有效地进行工作。当发动机冷却系统出现故障时，发动机会过冷或过热，以致出现功率下降、燃油消耗增加或工作不平稳等现象，严重时还会造成零件损坏、活塞环烧死等，最终造成发动机不能工作。不论何种形式的冷却系统，除能满足发动机在最大热负荷情况下的冷却外，还必须能在发动机各种工况下对冷却强度进行调节，以维持发动机的正常工作温度，保证发动机正常运转。

任务一　冷却液的检查与更换

【任务目标】

知识目标

1. 查阅资料，了解发动机冷却系统的作用和组成

2. 查阅资料，根据维修手册要求，在规定时间内，对相关零部件进行识记，并说明本次任务的检查内容

3. 通过查阅资料，掌握冷却液的功用、要求、规格和选用

能力目标

1. 通过查阅资料，对照发动机向组员描述冷却系统的作用、类型、组成

2. 查阅资料，选用合适的冷却液

3. 查阅资料，根据维修手册要求，制订冷却液的检查与更换计划，并写出注意事项

4. 查阅资料，正确使用工量具对冷却系统的冷却液进行检查和更换

素养目标

1. 全面了解冷却液的检查与更换任务的目标、需要完成的作业，在任务实施过程中进行自我管理、符合 7S 管理规范

2. 积极主动查阅维修手册、汽车发动机构造与维修等相关资料，与组员配合，并在规定时间内完成冷却液的检查与更换任务所需知识的收集、整理和归纳

3. 完成冷却液的检查与更换任务的分配或服从组长安排，与组员相互讨论，采纳其他人员的合理建议并共同完成任务实施计划的制订

4. 在任务实施过程中公平、公正地评价任务实施情况，对不合理、不规范的操作进行客观点评，养成良好的职业道德修养

5. 改正冷却液的检查与更换任务实施中出现的不合理、不规范的操作并反复训练，做到精益求精，争做汽车维修行业高技能人才

【任务描述】

一辆 2014 款 1.6L 手动挡丰田卡罗拉轿车行驶了 12 000 km，最近车辆运行中常出现发动机水温过高的现象，停车检查发现储液器中冷却液充足，冷启动后发动机工作也正常，但运行一段时间后又出现水温过高的故障现象，送到 4S 店进行维修。

维修人员与车主进行了初步交流，大致了解了车辆出现的故障，并做了一些基础检查。经检查，发动机外表及冷却系统均无漏水痕迹，冷却风扇运转正常。根据该车

的故障现象，维修人员初步判断发动机冷却系统节温器存在故障，应对发动机冷却系统进行全面检查。

若你是维修人员，会对车辆做哪些方面的检查呢？又该如何判断？如果要对冷却系统进行全面检查，你需要做哪些准备？需要了解发动机冷却系统哪些相关知识呢？

【知识储备】

一、冷却系统简介

发动机冷却系统的主要作用是保证汽车发动机在各种工况下运行都工作在合适的温度范围内，保证发动机既不过热，也不过冷。温度过高，可能引起混合气自燃，引起爆震，破坏发动机的正常运转，使发动机承受冲击载荷，磨损加剧；温度过低，会使发动机热效率低，同样会导致发动机机件过早磨损。

发动机冷却系统常见的冷却方式有风冷和水冷两种。风冷是以空气作为冷却介质，利用自然风对发动机直接进行冷却，并依靠风扇产生的风，将发动机气缸可燃混合气燃烧产生的多余热量带走，从而达到降温的效果；水冷是以冷却液作为冷却介质，通过冷却液在缸体内的循环将发动机产生的热量带到散热器，并将热量散发到大气中。与风冷方式相比较，水冷系统具有冷却可靠、结构紧凑、噪声小、使用方便等优点，因此现代轿车发动机的冷却方式一般都采用水冷系统。

水冷系统一般由水泵、水管、水套、节温器、散热器、百叶窗、膨胀水箱、冷却液温度表和风扇等组成（见图 5-1-1）。

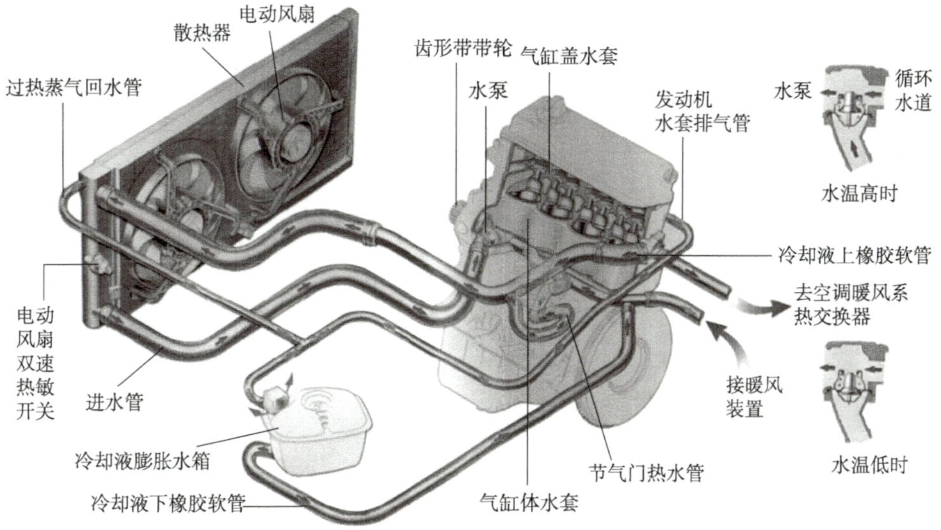

图 5-1-1　水冷系统组成

二、冷却液规格及要求

发动机冷却液是发动机正常运转不可缺少的散热介质，其主要作用是对发动机进行冷却，避免发动机因温度过高或过低带来不良后果。

冷却液除对发动机起冷却作用外，还要具有防止发动机缸体锈蚀、防止结冰、抑制沸腾、抑制对各种金属的腐蚀、保持合适的 pH 值、抗泡沫性等作用。同时，添加防垢添加剂，以防止水垢的生成。此外，冷却液还应具有防止非金属材料如橡胶、塑料等溶解、老化的作用。

维修人员应根据发动机运行的情况对冷却液进行科学的检测并正确对冷却液进行的更换，否则直接影响发动机的使用寿命。

目前，汽车上广泛使用的冷却液是用乙二醇或丙二醇等化学物质与纯净水按一定比例混合而成的混合液，还要加入防腐蚀剂、清洁剂、阻垢剂和着色剂等添加剂。

汽车防冻剂的种类很多，像无机物中的氯化钙（$CaCl_2$），有机物中的甲醇（CH_3OH）、乙醇（C_2H_5OH，俗称酒精）、乙二醇［$C_2H_4(OH)_2$，俗称甜醇］、丙三醇［$C_3H_5(OH)_3$，俗称甘油］、润滑油以及我们日常生活中常见的砂糖、蜂蜜等，都可作为防冻液的母液，再加入适量纯净软水（不含或少量含有钙、镁离子的水，如蒸馏水、未受污染的雨水、雪水等，其水质的总硬度成分浓度在 0 ppm 到 30 ppm 之间）后，即可称为一般意义上的防冻液。

目前世界各国车厂大多采用以乙醇、乙二醇或丙三醇为母液的汽车防冻液，其中尤以乙二醇型防冻液使用居多。现在我国的汽车绝大多数都采用乙二醇型防冻液。

纯乙二醇是微酸性、易吸湿、无色透明的黏稠液体，有微毒。纯乙二醇可燃，但乙二醇配制成的冷却液却具有明显的阻燃作用。乙二醇型防冻液是用乙二醇与软水按不同比例混合而成的，冷却液冰点随乙二醇所占比例而变化（见表 5-1-1）。乙二醇比水重，易溶于水和乙醇。乙二醇的冰点为-12.5 ℃，沸点则高达 197 ℃。其优点是配兑容易、溶液不易挥发、使用安全可靠。其缺点是当乙二醇的百分比过低时，其对机件的腐蚀性就会增加。因而一般乙二醇型防冻液都会添加一定比例的防锈剂，以达到防锈除垢的作用。

表 5-1-1　冷却液中乙二醇体积占比与冰点的关系

体积分数（%）	冰点（℃）	体积分数（%）	冰点（℃）
12.8	-5.3	53.9	-44.0
16.5	-7.3	56.0	-48.0
20.3	-9.0	78.9	-47.0

续表

体积分数（%）	冰点（℃）	体积分数（%）	冰点（℃）
26.0	-13.0	83.1	-40.0
33.8	-20.0	85.2	-36.0
39.8	-26.0	89.4	-29.0
43.8	-31.0	93.6	-23.0
49.8	-38.0	100	-13.0

三、发动机冷却液的选用

发动机冷却液的选用应注意以下问题：

（1）发动机冷却液的冰点要低于当地环境最低气温 10 ℃左右。

（2）按发动机的负荷性质选择汽车制造厂商推荐的发动机冷却液。

（3）对浓缩液进行稀释时，应使用去离子水或蒸馏水。

（4）经常检查发动机冷却液的液面高度和冷却系统的密封性。

（5）按制造厂商规定的发动机冷却液更换周期更换，并应经常关注发动机冷却液的颜色、气味等是否有变化。

（6）不同厂家、不同牌号的发动机冷却液不能混用。

（7）发动机冷却液的性能是既防冻又防沸。

【制订计划与实施计划】

根据任务描述及知识储备相关内容进行实施计划的制订和决策，并在实施过程中完成学生工作手册相关内容的填写，具体实施计划可通过扫描二维码参照执行。

项目五任务一

【知识链接】

一、冰点测试仪简介

冰点测试仪又称数显折光仪（见图 5-1-2），是一款可以精确、快速测量各类水溶液的折射率、浓度等参数的精密光学仪器，主要用来测量蓄电池电解液密度和防冻液及玻璃水的冰点。其基本原理是应用全反射临界角法测量溶液的折射率，进而标定出所测液体的浓度及其性能。

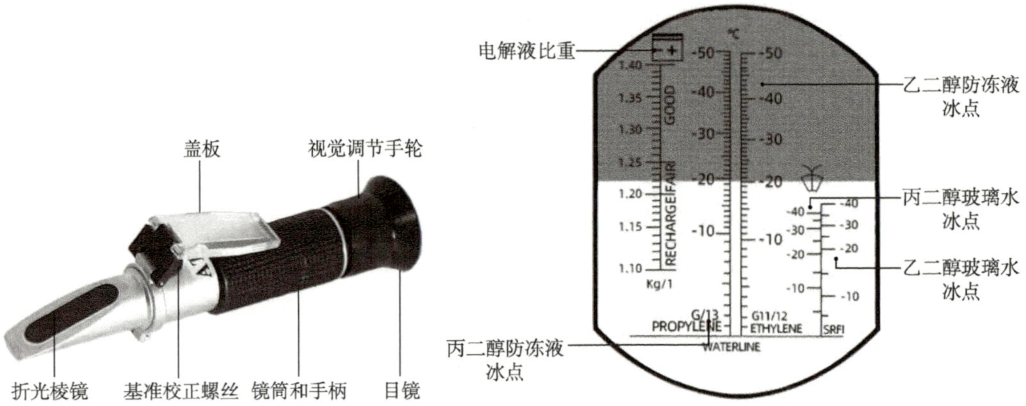

图 5-1-2　冰点测试仪及目镜视野

由于其原理可靠，精度能满足实际需要，又有体积小、重量轻、造型美观、使用方便等优点，所以被广泛应用于汽车维修行业。

二、冰点测试仪的操作步骤

（1）掀开盖板用柔软绒布将盖板及棱镜表面擦拭干净。

（2）将待测液体用吸管滴于棱镜表面，合上盖板轻轻按压，注意不要有气泡，将冰点测试仪对向明亮处，旋转目镜使视场内刻线清晰，读出蓝白分界线在分划板相应标尺上的数值即可。

（3）测试完毕，用柔软绒布将盖板及棱镜表面擦拭干净，清洗吸管，将仪器收藏于包装盒。

三、冰点测试仪的注意事项

（1）调整基准：测定前，首先将标准液（纯净水）、仪器及待测液体置于同一温度下。掀开盖板，然后取 2~3 滴标准液滴于折光棱镜上，并用手轻轻按压平盖板，通过目镜看到一条蓝白分界线。旋转基准校正螺丝，使目镜视场中的蓝白分界线与基准线重合。

（2）在使用冰点测试仪时，需要避免温度的变化，以免影响冰点的准确性。因此，在使用时需要选择一个稳定的环境，并尽量避免温度变化。

（3）测量完毕后，直接用绒布擦干净棱镜表面及盖板上的附着物，待干燥后，将仪器放置在干燥的环境中，避免湿气对仪器的影响，并妥善保管起来。

（4）在测量电池电解液时，注意不要洒在皮肤和眼睛上，以防烧伤，测试后仔细擦净仪器。

【任务总结与思考】

一、故障分析与总结

对本次任务实施过程及结果的评价详见学生工作手册相关内容。

引发发动机高温的常见原因有：冷却液缺失或失效；水泵锈蚀；水泵叶片脱落；节温器失效卡死；散热器积存水垢或堵塞；散热器风扇故障导致不能正常运转；发动机水套结垢导致热交换效率变低；气缸破裂；等等。

考虑到车辆的故障现象及初步检查，我们可以判断故障原因大概率出现在节温器上，是节温器不能正常打开，使得冷却液循环不畅，导致发动机水温过高。

结合本次任务，我们主要针对冷却液的更换进行规范操作。作为维修人员，我们要提醒车主在车辆日常维护中要经常检查储液罐中冷却液的液位高度，若冷却液不足，应及时正确添加。

二、思考题

（1）写出发动机冷却系统的作用。

（2）写出冷却液的作用。

（3）写出冷却液的选用要求。

（4）根据表 5-1-1，思考冷却液中乙二醇所占比例与冷却液冰点的变化关系。

【思政园地】

王莹——汽车维修高级技师

王莹，2015 年获“超级技工”沈阳职工职业技能电视大赛汽车维修竞赛冠军，被市总工会授予“沈阳市技术大王”称号；2016 年荣获沈阳五一劳动奖章；2018 年获评沈阳市“金牌工匠”；2021 年获全国乡村振兴职业技能大赛辽宁省第一名，被省总工会授予“辽宁省技术能手”称号；2021 年荣获沈阳市劳动模范称号；2022 年荣获辽宁省劳动模范称号。

王莹从法库县农村走出来，从小就在父母的教导下立志做一个对社会有用的人。2014 年，王莹从汽车学校毕业，开始到工厂做学徒。他认真向师傅学习技术，一丝不苟，很快掌握了汽车维修技术。自主创业以来，他先后为各汽修专业院校毕业生提供实习机会300余次；通过企业发展，有效带动并安置进城务工农民工就业30人次。特别是经营皇姑区凯利隆汽车维修中心以来，王莹遵纪守法，诚信经营，经常义务为附近的汇宝社区居民讲解如何正确养车，在特殊天气应如何安全驾驶，提高大家的安全意识。

最近几年，在市、区总工会举办的“劳模工匠进校园”活动中，王莹被聘为传承红色基因形象大使，先后20余次到沈阳市第四十中学、沈阳市外事服务学校等与师生分享自己的成长经历，鼓励同学们树立人生目标：“起点再低，只要努力付出，也可以飞得更高。”

辽宁省道路运输协会主动将王莹吸纳为成员，维修与检测分会授予他“优秀服务人员”称号。

任务二　节温器的检查与更换

【任务目标】

知识目标

1. 查阅资料，掌握冷却系统各部件的作用、结构

2. 查阅资料，理解节温器的工作原理

3. 查阅资料，掌握冷却系统的节温器拆装检修的方法

能力目标

1. 通过查阅资料，向组员描述发动机冷却系统各主要部件的作用和工作原理

2. 查阅资料，根据维修手册要求，制订节温器的检查与更换计划，并写出注意事项

3. 查阅资料，根据维修手册，依据制订的维修计划，对冷却系统的节温器进行拆装和检修

素养目标

1. 全面了解节温器的检查与更换任务的目标、需要完成的作业，在任务实施过程中进行自我管理、符合 7S 管理规范

2. 积极主动查阅维修手册、汽车发动机构造与维修等相关资料，与组员配合，并在规定时间内完成节温器的检查与更换任务所需知识的收集、整理和归纳

3. 完成节温器的检查与更换任务的分配或服从组长安排，与组员相互讨论，采纳其他人员的合理建议并共同完成任务实施计划的制订

4. 在任务实施过程中公平、公正地评价任务实施情况，对不合理、不规范的操作进行客观点评，养成良好的职业道德修养

5. 改正节温器的检查与更换任务实施中出现的不合理、不规范的操作并反复训练，做到精益求精，争做汽车维修行业高技能人才

【任务描述】

一辆丰田卡罗拉轿车行驶了 12 000 km，最近常出现发动机水温过高的现象，检查储液器中冷却液充足，冷启动后发动机工作也正常，但运行一段时间后又出现水温过高的故障现象，送到 4S 店进行维修。

维修人员与车主进行了初步交流，大致了解了车辆出现的故障，并做了一些基础检查。经检查，发动机外表及冷却系统均无漏水痕迹，冷却风扇运转正常。根据该车

的故障现象，维修人员初步判断发动机冷却系统节温器存在故障，应对发动机冷却系统进行全面检查。

若你是维修人员，需要对车辆做哪些方面的检查呢？又该如何判断？如果要对冷却系统进行全面检查，你需要做哪些准备？需要了解发动机冷却系统哪些相关知识呢？

【知识储备】

发动机将燃油的化学能转换成机械能的过程中，发动机的转化效率并不高，燃油中的大部分能量被转换成热量，其中绝大部分热量由冷却系统吸收并散发到大气中。如果发动机变热，就会加快组件的磨损，从而使发动机效率降低并排放出更多污染物。

冷却系统的作用是保证汽车发动机在各种工况下都能工作在适当的温度范围内。同时，要保证发动机在冷车状态下能够迅速升温，使发动机运行在最佳状态下。发动机在最佳温度下工作，燃烧室的温度足以使燃料完全蒸发，这样可以使燃料更好地燃烧并减少气体排放。

冷却系统主要由发动机水套、水泵、散热器、冷却液补偿装置、节温器、水管等组成。

一、发动机水套

水套指气缸体和气缸盖的内外壳之间的空间，冷却液即在其间循环流动（如图 5-2-1 所示）。其作用是使其内部的冷却液通过热传导方式吸收发动机燃烧室和缸体内壁的温度，并通过水泵提供的动力，把冷却液输送至散热器进行散热，最后再把降温后的冷却液输送回发动机水套，如此循环往复。

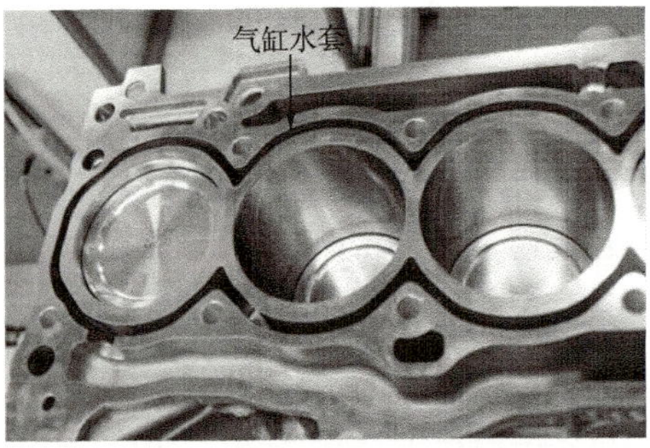

图 5-2-1　发动机水套

二、水泵

水泵的作用是对冷却液加压，强制冷却液在冷却系统中循环流动，保证发动机冷却可靠。水泵常安装在发动机前端，由发动机曲轴通过三角皮带驱动。

由于离心式水泵结构简单、尺寸小、排量大、工作可靠，因此被现代发动机冷却系统广泛采用。

离心式水泵主要由壳体、叶轮转子、水泵轴、轴承、水封等组成（如图 5-2-2 所示）。叶轮转子上有 6 枚叶片，壳体与叶轮转子之间用橡胶密封圈进行密封。

图 5-2-2　离心式水泵

离心式水泵的工作原理（如图 5-2-3 所示）：当水泵工作时，叶轮旋转，进水腔 A 体积增大，产生真空。在真空吸力的作用下，冷却液由散热器经进水管进入水泵，然后被叶轮带到出水腔 B。由于这时出水腔 B 的体积是不断缩小的，所以压力增加，冷却液就通过出水管被压入发动机缸体水套中。如此连续不断地工作，强制冷却液在冷却系统内循环流动。

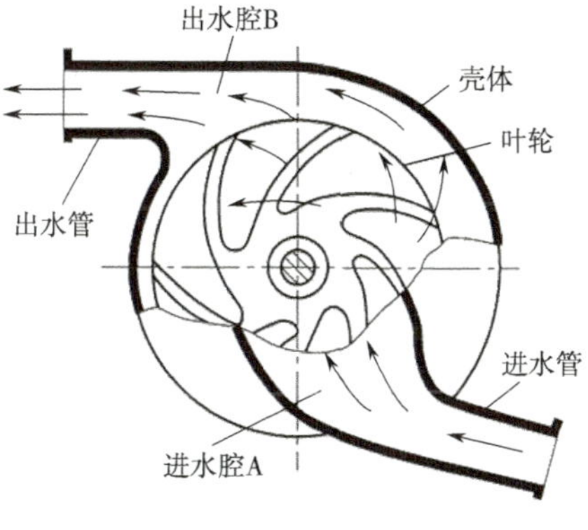

图 5-2-3　离心式水泵工作原理

三、散热器

散热器一般也称为水箱，其本质是一个热交换器，一般用黄铜、铝、铝锌等材料制成。其功用是将冷却液从水套内吸收的热量传递给外界空气，使冷却液降温，并为冷却系统储存一定量的冷却液。散热器主要由上储水室、下储水室、散热器芯、散热器盖等部分组成（如图 5-2-4 所示）。

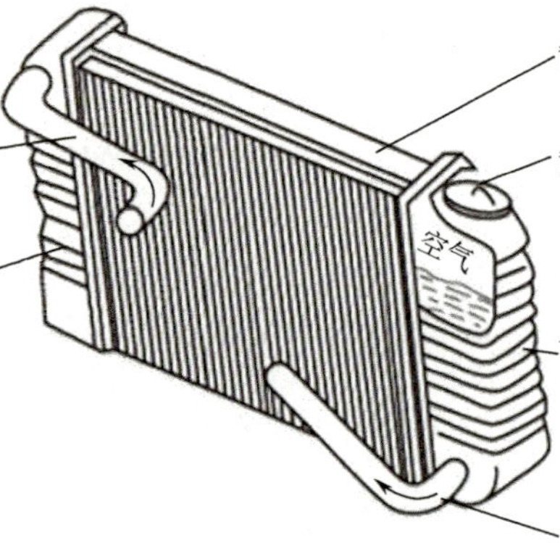

图 5-2-4　散热器的组成

散热器内冷却液的流动方式有横流和纵流两种形式。现在大部分轿车采用的是横流方式。为了提高散热的效果和减小散热器体积，冷却管大部分都做成扁平状，即散热器芯主要有管片式、管带式两种结构形式。

管片式散热器芯由许多冷却管和散热片组成。散热管焊接在上、下储水室之间，是冷却液的通道。冷却管外侧套装许多金属薄片来增加散热面积，片式散热器芯在容积相同的情况下增大了散热面积；同时，当管内的冷却液冻结膨胀时，扁管可以通过其横断面变形而避免破裂，一定程度上增加了散热器强度。

管带式散热器芯由波浪形的散热带和冷却管组成。散热带因为呈波浪形，增加了散热面积，更加有利于散热。在散热带上一般会开有百叶窗式的孔，以提高散热能力。

四、冷却液补偿装置

冷却液补偿装置又叫补偿水箱，其主要作用是减少冷却液的损失。其工作原理是当散热器内的冷却液温度上升时，冷却液膨胀体积增大，水压增大，散热器内的冷却液或水蒸气就会进入补偿箱而不会流失。发动机停止工作时，散热器内冷却液温度下降，冷却液体积缩小，散热器内压力减小，在大气压的作用下，补偿水箱的冷却液又回到散热器内，起到补偿作用，同时防止大气压把散热器压坏（如图 5-2-5 所示）。

五、节温器

节温器是根据冷却液温度的高低自动调节进入散热器的液量，改变冷却液的循环范围，以调节冷却系统的散热能力，保证发动机在合适的温度范围内工作。

图 5-2-5　冷却液补偿装置

目前汽车发动机上广泛采用蜡式节温器（如图 5-2-6 所示），它具有对水压影响不敏感、工作性能稳定、水流阻力小、结构坚固和使用寿命长等优点。

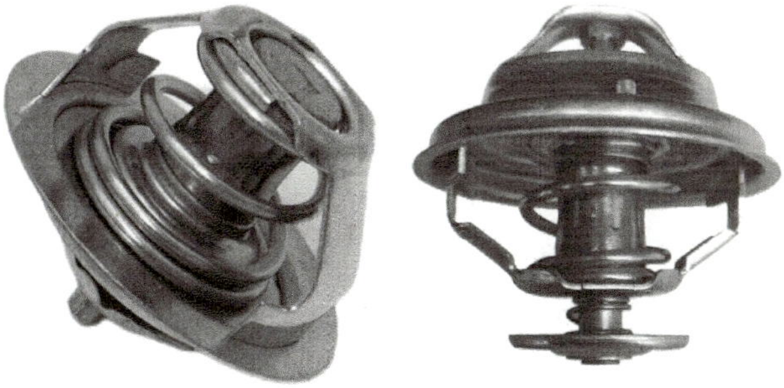

图 5-2-6　蜡式节温器

当冷却温度低于规定值时，节温器感温体内的精制石蜡呈固态，节温器阀在弹簧的作用下关闭发动机与散热器之间的通道，冷却液经水泵返回发动机，进行发动机内小循环，即水泵→分水管→气缸体水管→气缸盖水管→节温器→旁通管→水泵。

当冷却液温度达到规定值时，石蜡开始融化逐渐变为液体，体积随之增大并压迫橡胶管使其收缩。在橡胶管收缩的同时对推杆作用以向上的推力，推杆对阀门有向下的反推力使阀门开启（如图 5-2-7 所示）。这时冷却液经由散热器和节温器阀，再经水泵流回发动机，进行大循环，即水泵→分水管→气缸体水套→气缸盖水套→节温器→散热器进水软管→散热器→散热器出水软管→水泵。

大循环是水温高时，水经过散热器而进行的循环流动；而小循环就是水温低时，水不经过散热器而进行的循环流动，从而使水温升高。

节温器大多数布置在气缸盖出水管路中，这样做的优点是结构简单，容易排除冷却系统中的气泡；缺点是节温器在工作时经常开闭，产生振荡现象，增加发动机的燃油消耗量。

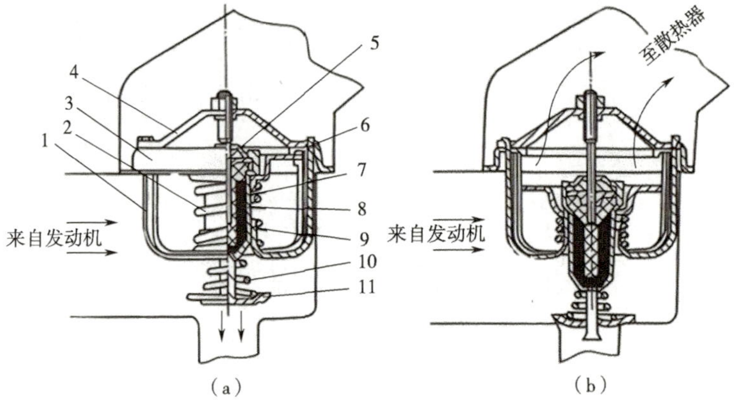

1-下支架 2、10-弹簧 3-阀座 4-上支架 5-反推杆
6-主阀门 7-橡胶套 8-石蜡 9-感温器外壳 11-副阀门

图 5-2-7 蜡式双阀门节温器工作原理

节温器上面的感温石蜡，长时间使用后，由于表面受沉积的水垢影响，往往不能很灵敏地感应温度的变化，影响节温器及时的开启。而电子节温器（见图 5-2-8）除感温石蜡能感受冷却液温度变化外，还可通过 ECU 根据传感器信号得出的计算值对电子节温器内加热电阻元件提供占空比（PWM）信号工作电压，电阻对石蜡加热，使石蜡膨胀而发生位移。位移量的大小与加上的占空比信号长短有关，进而能精细调节发动机冷却液的温度。

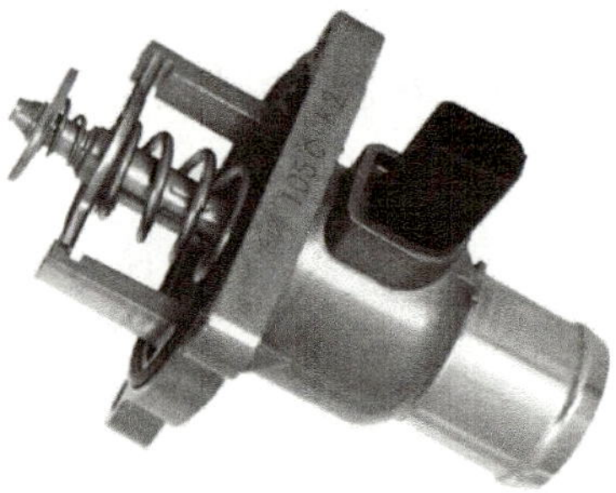

图 5-2-8 电子节温器

六、冷却风扇

汽车冷却风扇主要作用是提高流经散热器的空气流速，提高散热能力，同时对发动机其他附件进行散热。汽车在行驶过程中，会产生大量的热量，如果不及时将热量

散发出去，很可能会对发动机造成损伤，甚至直接导致发动机报废。

不同的汽车冷却风扇采用的驱动方式也不一样，一些发动机的冷却风扇由曲轴皮带轮通过三角带驱动，还有一些冷却风扇是由电机直接驱动。现在轿车一般采用电机直接驱动的形式。

车用发动机冷却风扇根据风的流向分为轴流式和离心式两种。轴流式所产生的风，流向与冷却风扇轴平行。离心式冷却风扇所产生的风，其流向为径向。

为了降低冷却风扇功率的消耗，减少风扇产生的噪声和磨损，防止发动机过冷，降低污染等，冷却风扇上多采用风扇离合器来控制风扇转速，通过改变空气流量来改变冷却强度。冷却风扇离合器有硅油式和电磁式两种。

电动冷却风扇（见图 5-2-9）采用的是双直流电动机来驱动。其转速与发动机转速无关，而是由温控热敏电阻开关来控制。ECU 根据冷却液温度，通过控制温控热敏电阻开关来控制电动冷却风扇转速。当冷却液温度过高时，控制冷却风扇快速运转（转速可达 2 800 r/min）；当冷却液温度较高时，控制冷却风扇以较快速度运转（转速 2 300 r/min）；当冷却液温度降到正常工作温度以下时，控制冷却风扇停转。

图 5-2-9　电动冷却风扇

【制订计划与实施计划】

根据任务描述及知识储备相关内容进行实施计划的制订和决策，并在实施过程中完成学生工作手册相关内容的填写，具体实施计划可通过扫描二维码参照执行。

项目五任务二

【知识链接】

一、节温器的重要性

节温器工作是否正常，直接关系发动机能否正常运转。

节温器损坏会导致冷却系统温度过高或过低。发动机温度过低，冷凝气体会稀释附着在气缸壁上的机油，从而加剧发动机磨损；同时，燃烧过程中会产生水分，影响燃烧效果。而发动机温度过高时，由于润滑油在高温下易变质，旋转部件之间的油膜会被破坏，会导致润滑不良，发动机机械部件性能下降。

发动机在不稳定不均匀的温度环境下工作，会导致功率下降，油耗增加。因此，节温器只有保持性能良好，发动机才能正常运转。

二、节温器损坏的故障分析

汽车节温器损坏后，需要第一时间进行维修，不然就会严重影响发动机的使用寿命。

节温器若是处于大循环关闭状态，那么大循环不能重新启动，冷却液无法通过散热器对发动机进行冷却，就会导致发动机温度偏高。如果节温器处于大循环开启状态，那么冷却液会持续进到水箱散热器里，发动机温度就不能较快达到正常使用温度。尤其在冬季，暖机时间会变长，汽车无法正常行驶，所以要及时检修。

【任务总结与思考】

一、故障分析与总结

对本次任务实施过程及结果的评价详见学生工作手册相关内容。

根据故障现象，检查冷却系统的报警系统，没有故障；检查冷却风扇转速，发现风扇旋转正常。发动机运转一段时间后，水温升高，散热器的温度并不太高，怀疑故障原因是节温器损坏，导致冷却液循环不畅。进一步拆卸检查发现，节温器不能在 87 ℃下打开，造成循环不好。更换节温器后故障消失，发动机高温故障排除。

节温器的损坏有以下几种形式：

（1）常闭：水温达到节温器要求的全开温度时，节温器未能打开。这现象的原因：一是由于节温器卡死造成的。二是由于外壳有裂纹或蚀洞，膨胀液漏出，或者节温器老化，密封不良使膨胀体泄漏，此时只能更换节温器。

（2）打开不良：水温达到节温器要求的全开温度时，节温器不能全开或卡滞在大小循环之间。

（3）打开迟滞：水温高于节温器正常初开温度时，节温器才初开（即开启过迟），水温高于节温器全开温度时，节温器才全开。

（4）常开：不论水温高低，节温器一直常开，一般是弹簧断裂所致，需要更换节温器。

所以，为了保证节温器正常工作，在车辆日常维护和保养过程中，当冷却液的液面低于最低刻度线时，应立即添加冷却液，并且定期更换同等型号的冷却液，保持冷却水路的清洁，保证冷却系统正常工作。

二、思考题

（1）写出离心式水泵的工作原理和特点。

（2）写出冷却系统中冷却液的循环路径。

（3）蜡式节温器是如何控制冷却液在系统中的循环路径的？

【思政园地】

程旭东——看“图”修车

程旭东，2015 年获北京市交通行业第二届职业技能竞赛汽车维修工种第一名，同年获全国交通技术能手称号。2018 年，参加中德北京 · 南图林根汽车维修对抗赛，获第一名。2020 年，参加全国第一届职业技能大赛，获优胜奖。2021 年荣获首都劳动奖章。2023 年荣获第三届“北京大工匠”称号。

看“图”修车，这是程旭东的绝技。自 2011 年进入祥龙博瑞集团工作，程旭东从一名学徒做起，通过努力钻研汽车维修技术，练就过硬实操技能，逐渐成长为维修技师、诊断技师。10 多年时间里，他不断创新工作方法，攻克技术难题，悉心传授技艺，带动车间技术团队整体技能水平提升，在质量效率改善、维修技术和培训模式创新、新技术推广等方面都取得了不俗的业绩。目前已培养中级工 13 名、高级工 10 名、技师和高级技师 2 名。

随着新能源车型的市场销量不断增大，市场上新能源车型的维修供给相对不足。按照祥龙博瑞集团统一要求和店内实际维修需要，程旭东分别从维修安全和维修技能两方面开发了相应的维修课程，包括新能源车型的维护、更换高压组件、维修高压蓄电池、新能源车型空调结构变化和维修等内容。面对新能源车型实物教具偏少、实车维修操作机会少的现状，他积极寻找方法，充分利用虚拟现实技术（VR）设备，将车间的维修实景和维修工艺紧密结合，职工可以充分利用平时琐碎时间对新能源车型维修技能进行练习。目前已有 12 个 VR 维修练习的场景，平均月培训 30 人次。

参考文献

[1] 祖国海. 汽车发动机构造与维修 [M]. 北京：中国劳动社会保障出版社，2011.

[2] 陈家瑞. 汽车构造 [M]. 5 版. 北京：人民交通出版社，2005.

[3] 陈家瑞. 汽车构造 [M]. 3 版. 北京：机械工业出版社，2009.

[4] 沈步楼，刘峻，王德文. 汽车发动机构造与维修 [M]. 成都：电子科技大学出版社，2017.

[5] 王海林，蔡兴旺. 汽车构造与原理 [M]. 北京：机械工业出版社，2012.